KB172568

다시, 배우다

RE:LEARN

다시, 배우다 ReLearn

초판 1쇄 발행 2021년 12월 10일

지은이 폴 김

펴낸이 조기흠
기획이사 이홍 / **책임편집** 이수동 / **기획편집** 최진, 이한결
마케팅 정재훈, 박태규, 김선영, 홍태형, 배태욱 / **제작** 박성우, 김정우
교정교열 정정희 / **디자인** 리처드파커 이미지웍스

펴낸곳 한빛비즈(주) / **주소** 서울시 서대문구 연희로2길 62 4층
전화 02-325-5506 / **팩스** 02-326-1566
등록 2008년 1월 14일 제 25100-2017-000062호

ISBN 979-11-5784-554-5 03300

이 책에 대한 의견이나 오탈자 및 잘못된 내용에 대한 수정 정보는 한빛비즈의 홈페이지나
이메일(hanbitbiz@hanbit.co.kr)로 알려주십시오. 잘못된 책은 구입하신 서점에서 교환해드립니다.
책값은 뒤표지에 표시되어 있습니다.

⌂ hanbitbiz.com **f** facebook.com/hanbitbiz **N** post.naver.com/hanbit_biz
▶ youtube.com/한빛비즈 **◎** instagram.com/hanbitbiz

Published by Hanbit Biz, Inc. Printed in Korea
Copyright ⓒ 2021 폴 김 & Hanbit Biz, Inc.
이 책의 저작권은 폴 김과 한빛비즈(주)에 있습니다.
저작권법에 의해 보호를 받는 저작물이므로 무단 복제 및 무단 전재를 금합니다.

지금 하지 않으면 할 수 없는 일이 있습니다.
책으로 펴내고 싶은 아이디어나 원고를 메일(hanbitbiz@hanbit.co.kr)로 보내주세요.
한빛비즈는 여러분의 소중한 경험과 지식을 기다리고 있습니다.

다시, 배우다
RE:LEARN

폴 김 지음

인생 리부팅을 위한 27가지 배움의 질문들

한빛비즈
Hanbit Biz, Inc.

 스탠퍼드대학교 캠퍼스에는 분위기 좋은 노상 카페가 여러 곳 있다. 그중에서도 중앙도서관인 그린 라이브러리Cecil H. Green Library 앞에 있는 카페 '쿠파'는 커피 맛도 일품인 데다 봄 여름 가을 겨울 언제나 캘리포니아의 화창한 햇살을 맞으며 담소를 나누기 좋은 곳이다. 적당한 간격으로 놓인 야외 테이블은 분수대 옆이라, 은은한 커피 향을 맡으며 시원한 물소리를 듣고 있으면 가슴이 탁 트이는 기분이다.

 카페 앞으로는 실리콘밸리의 빠른 시계 속도에 맞춰 분주히 지나가는 학생들이 있는가 하면, 분수대와 도서관을 배경으로 사진 찍는 방문객도 많다. 캠퍼스 한가운데 위치한 이 명당자리는 내 연구실에서 3분도 안 되는 거리에 있다. 그래서 누군가 나를 찾아오면 연구실 대신 굳이 이곳에 와서 바람을 쐬며 미팅을 하곤 한다.

그날도 마침 이 카페에서 새로 들어온 석사과정 학생과 아프리카 교육 프로젝트에 대해 대화를 나누고 있었다. 루빈 티센Reuben Thiessen이라는 이름의 이 학생은 국제 비영리 교육기관에서 일하고 있어, 개발도상국을 많이 돌아다니며 테크놀로지 관련 프로젝트를 진행해왔다. 전부터 나의 개발도상국 교육 프로젝트에 관심이 많아서 자주 연락하던 사이였다. 나는 루빈이 스탠퍼드로 오기를 바랐고, 추천서도 기꺼이 써주었다.

그런 그가 석사과정으로 스탠퍼드에 입학하자마자, 축하의 자리를 마련했던 것이다. 우리는 개발도상국에서 교육 프로젝트를 진행하기가 얼마나 어려운지를 이야기하고 있었다. 그때 '뿌아앙' 엔진 소리를 내며 작은 비행기 한 대가 캠퍼스 위를 지나갔다. 둘 다 그 소리에 머리를 들어 하늘을 보았다. 루빈이 비행기를 유심히 보더니 저건 '파이퍼 체로키Piper Cherokee'라고 기종을 말해주었다. 어떻게 멀리서 한 번 보고 비행기 기종을 아느냐고 물었더니, 그는 자신이 파일럿이라면서 지갑에서 미 연방정부 파일럿 면허증을 꺼내 보여주었다. '이 친구를 좀 안다고 생각했는데 이런 새로운 면이 있었네' 하며 속으로 감탄했다. 예전에 그가 마친 대학교 이름이 엠브리리들Embry-Riddle이라고 말했을 때는 '생소한 이름이다'

생각했는데, 알고 보니 항공 관련 쪽에서는 하버드급 대학이었다.

루빈은 캐나다 시골 출신인데, 거기서는 부시 파일럿Bush pilot(경제적 · 환경적 이유로 대형 비행기나 기타 교통수단이 접근할 수 없는 곳에 물자와 승객을 태워 나르는 조종사)이 많이 필요하다고 했다. 캐나다는 워낙 땅덩어리가 넓고 작은 마을들이 광대한 지역에 흩어져 있어서, 부시 파일럿들이 식량과 주요 물자를 작은 비행기로 시골 곳곳에 날라야 한다는 것이다. 내가 알기로, 부시 파일럿들은 대부분 오래된 비행기를 타고 다니며, 이착륙이 열악한 지역에서 급변하는 기상 상태를 뚫고 물자나 환자를 실어 나른다. 또 비상상황이 워낙 많이 발생하기 때문에 투지력도 남다르다. 요컨대 전 세계 오지에서 생명줄 역할을 하는 사람들이다. 그런 모습을 자연스럽게 보며 자라서인지, 루빈도 사람들에게 필요한 식량과 교육자원을 나르는 일에 관심이 많았고, 10개국 이상의 개발도상국에서 국제교육 프로젝트를 진행하고 있었다. 그는 농업이 주업인 대가족 중 최초로 대학 교육을 받은 사람이었고, 그가 태어난 지역(대한민국만 한 면적)에서 스탠퍼드에 입학한 최초의 사람이었을 것이다. 지역 주민을 통틀어 10개국 이상을 여행해본 사람을 꼽아도 최초일 만큼 캐나다 오지 중의 오지에서 태어나 자란 학생이었다.

이 친구가 마음 맞는 파일럿들과 함께 세상 곳곳에 필요한 것을 전하는 일을 하고 싶다고 말했을 때, 나의 머리에 번개 같은 전류가 흘렀다. 나 역시 당장은 아니더라도 언젠가는 그런 의미 있는 일을 하며 생을 마감하고 싶다고 생각해온 터였다. 큰 조직을 통해 하느냐, 아니면 직접 하느냐 같은 고민만 있었는데, 사실 덩치 큰 비영리조직의 비합리적인 운영 방식에 불만이 있었기 때문이다. 내가 설립하여 운영 중인 '시드 오브 임파워먼트Seeds of Empowerment'(www.seedsofempowerment.org)에 소속된 전 세계 수많은 봉사자들에게 어떻게 더 의미 있는 봉사의 기회를 줄지도 늘 고민거리였다.

한 시간 정도 이야기하기로 했던 그날의 미팅은 두 시간 넘게 계속되었다. 나는 파일럿이 되려면 어떤 과정이 필요한지, 무엇을 공부해야 하는지, 시험은 어떻게 치르는지 꼬치꼬치 물었다. 루빈은 신이 나서 모든 과정을 자세히 말해주었다. 그때까지도 나는 그것이 얼마나 자신을 시험하는 여정인지 몰랐다. 얼마나 위험이 따르며 얼마나 노력해야 하는지도 자세히 몰랐다. 하지만 의미 있으면서도 무한한 모험의 과정이라는 매력에 서서히 빠져들었다.

캐나다 출신의 한 학생이 보여준 새로운 면모는 나에게 한 차원 높은 세상을 열어주었다. 그즈음 나는 내 삶의 여정을 돌아보고 있었다. 스탠퍼드에 와서 처음에는 연구에 몰두했다. 국제 학술지에 많은 논문을 게재했고, 새로운 학습 모델을 개발하는 데 초점을

두었다. 그런데 나도 모르게 점점 연구에 피로감을 느끼기 시작했다. 이 세상에서 과연 몇 명이나 내 논문을 읽고 도움을 얻을까 하는 회의감도 들었다. 특히 대학 연구소에서 국가별 빅데이터만 보면서 하는 이론적 연구가 지금 당장 가난과 질병으로 신음하는 아이들에게 무슨 도움이 될까 싶었다. 결국, 직접 부딪치며 배우자는 생각으로 전 세계 개발도상국을 발로 뛰어다녔고, 작은 규모라도 실질적인 도움을 주기 위해 교육 관련 프로젝트를 수십 개국의 여러 지역단체와 함께 벌이기 시작했다. 무엇이 실질적 도움이 되고 무엇이 진실인지 깨닫는 기회가 점차 늘어나면서, 남은 인생을 어떻게 보내야 할지 생각하게 된 것이다. 이런 내 마음에 그 학생은 작은 돌 하나를 던져 새로운 물결을 만들어주었다. 그리고 그 물결은 점점 퍼져나갔다.

　그날 스탠퍼드 상공을 지나간 비행기는 내게 이런 질문을 던졌다. '거기 멋진 곳에서 향기로운 커피를 즐기며 일하다 은퇴해도 괜찮기야 하겠지. 세상의 수재들이 모인 곳, 혁신의 아이디어가 넘쳐나는 곳, 최고의 것들이 움직이는 곳…… 밖에서 보면 그곳이야말로 실리콘밸리의 핵심이니 말이야. 그래, 지금처럼 그곳을 베이스캠프 삼으면 많은 것이 편하겠지. 하지만 인생의 마지막 장을 고민해야 하는 지금, 그런 것들이 아직도 당신 가슴을 뛰게 하나?'

　노벨상을 수상한 교수와 마주 앉아 한 달에 한 번 밥을 같이 먹을 때도, 200억짜리 연구 프로젝트에 펀딩이 되었다는 소식을 동료들과 나누며 점심을 먹을 때도, 구글에서 연구에 쓰라고 안드로이드폰 2,000개를 보내왔을 때도, 유네스코의 초청을 받아 파리에서 기조연설을 했을 때도 그다지 감흥이 없었다. 하지만 앞으로의 새로운 가능성을 생각하면 마음의 울림이 훨씬 크게 느껴졌다. 자동차로 길을 만들면서 며칠을 가야 할 길을 비행기로 몇 시간 만에 갈 수 있다면, 그래서 더 많은 사람들이 쉽게 자주 접근해 도움의 손길을 내밀 수 있다면 얼마나 좋을까?

　예전에 한 동료를 저세상으로 안타깝게 보낸 적이 있다. 그는 아프리카 오지의 험난한 산길을 자동차로 이동하다 그만 비탈길에서 떨어지고 말았다. 많이 울었고, 한동안 힘들었던 기억이 있다. 어디서 프로젝트를 운영하든 쉽게 자주 왕래할 수 있어야 지속가능성이 있다. 그곳이 콩고의 분쟁 지역 한가운데 있는 다 쓰러져가는 학교든, 미국 애리조나 오지의 마약에 찌든 인디언 마을이든, 베네수엘라 국경 지역에서 마약·밀매·총기 범죄에 노출된 원주민 마을이든, 바다에 흩어져 인터넷이 안 되는 섬마을이든, 어떤 곳이라도 주변에 300미터 정도의 마른 땅만 있으면 이착륙을 할 수 있다. 착륙이 불가능한 날들이 이어지면, 의약품이나 생필품 같은 필수 물자를 하늘에서 정기적으로 떨어뜨려 주는 것도 가능하다.

이 길은 결코 쉽지 않다. 많은 것을 버려야 한다. 많은 것을 감수해야 한다. 힘들고 기나긴 준비 과정이 필요할 것이다. 하지만 그 과정이 나의 가슴을 뛰게 한다면, 내가 나를 멈출 수 없다.

—

그날의 만남 이후 본격적으로 근처의 비행학교를 알아보았다. 교관을 소개받고 드디어 첫 비행 수업을 하게 된 날, 첫 수업 때 만난 교관은 20대 초반의 대학생이었다. 스탠퍼드에서 학부생들을 보면 풋풋한 새내기 느낌뿐이었는데, 그런 어린 학생을 이제부터 선생님으로 모시게 된 것이다.

　조종석에서의 첫 만남은 조금 어색했다. 나는 신분을 밝히지 않은 채 "그저 잘 부탁합니다, 교관님!"이라며 다가갔고, 교관님은 나를 애송이 학생으로 취급했다. 하지만 전혀 불편하지 않았다. 오히려 학생과 교수 입장이 바뀌었다는 점이 아주 흥미로웠다. 속으로 '어쨌거나 지금 저 교관 선생님이 가르쳐주는 내용들을 어려워하고 있잖아?'라며 탄식했다.

　"다시 해보세요! 그게 아니고, 이렇게! 그게 뭐였죠? 벌써 까먹었어요? 아니, 아니, 그거 말고 이거요! 다시! 다시!"

　열심히 나를 가르치는 교관님의 귀중한 가르침 덕분에 나를 재발견하게 되었다.

　'아! 이럴 때 이렇게 가르쳐야 했구나. 이러지 말았어야 했구나. 이걸 먼저 설명했어야 하는구나.'

　교관님의 교육 방법을 유심히 연구하며, 내 마음의 노트에 교육 방법론을 정리하고 있었다. '대학교 부학장이 언제 이런 귀중한 학생 경험을 해보겠어?' 하며 스스로 감탄하기도 했다.

　주말이면 어김없이 돌아오는 긴긴 학생의 과정을 통해 '더 나은 선생님이 되려면 먼저 학생으로 돌아가야 한다'는 진리를 깨달았다. 역시 교훈은 간단했다. 배우는 자세로 가르치면 가장 잘 가르칠 수 있고, 남을 정성껏 가르칠 준비를 하듯 학습하면 가장 잘 배울 수 있다.

그렇게 학생으로 돌아가 어렵게 조종사 자격증을 취득하면서 많은 교훈을 얻었다. 높은 하늘로 날아오르려면 끊임없이 배워야 한다. 평생 나 자신을 불편하게 만드는 질문을 해야 그 고도를 유지할 수 있음을, 내가 가고자 하는 길이 힘들고 복잡할수록 수많은 계기들을 보고 정확히 상황을 판단해야 한다는 점을 비롯해 다양한 인생 교훈을 정리할 수 있었다. 그리고 나의 마음에 무엇인가 큰 그림들이 점차 자리 잡혀감을 느꼈다.

실리콘밸리의 스탠퍼드 일상도 다시 보였다. 예전부터 학교나 기업 회의실에서 강의하거나 젊은 스타트업들에게 자문하면서 전달한 내용들이 떠올랐다. 무엇보다 흥미로운 것은, 비행기 조종사 과정에서 접하게 된 단어들이 실리콘밸리의 생태계를 다시 정리하는 데 큰 도움이 되었다는 점이다. 어떤 항공 용어는 스탠퍼드 내부에 있지 않으면 이해하기 힘든 점들을 잘 정리해주고, 어떤 항공 상황은 인천 부평에서 영어 한마디 제대로 못하던 내가 여기까지 걸어오는 동안 부딪쳐서 배운 인사이트들을 매우 간략하게 표현해주었다. 그렇게 비행 관련 사례들을 통해 얻은 삶의 지혜는 엄청난 가치로 다가왔고 책으로 출간할 결심까지 하게 해주었다.

카페 '쿠파' 앞에서

이 책의 키워드들이 취업을 준비하는 학생에게, 일터에서 열심히 뛰며 더 큰 꿈을 키워가는 직장인에게, 또는 새로운 스타트업을 두고 고민하는 초년생 CEO에게, 고민의 높은 산등성이를 앞두고 있을 때마다 조금이나마 유익한 인사이트로 다가가기를 바란다. 혹시라도 이 글을 읽고 나와 함께 비행하고 싶은 사람이 있다면 언제나 환영이다. 함께 의미 있는 일을 하며 비행하는 날이 오기를 기대한다. 그 비행이 태평양의 어느 작은 섬마을로 가는 길일지, 미국 서부 사막의 인디언 부족 마을을 방문하는 길일지, 아프리카 오지의 분쟁 지역 상공을 가슴 졸이며 날아가는 길일지 지금은 모른다. 이 책을 읽다 보면, 인생 여정에서 리스크를 피해 갈 수는 없다는 것을 알게 될 것이다. "구더기 무서워 장 못 담글까"라는 속담처럼, 내가 30년 전에 구더기를 무서워했다면 지금 어디서 무엇을 하고 있을지 생각해본다. 아마 깨끗하고 작은 장독만 바라보며 살고 있지 않을까?

part

1

시
작
한
다
는

것

/ 감출 수 없는 열망 /

How desperate are you?

비행훈련을 시작하기로 마음먹고 교관과 처음 만나기로 약속한 전날 밤, 들뜨기도 하고 걱정도 되면서 이런저런 생각이 떠올랐다. '교관을 만나기 전에 어떤 준비를 해야 할까?' '비행에 대해 이것저것 물어보면 뭐라고 답하지?' 그전에 여객기를 타고 작은 창문으로 활주로를 바라보거나 활주로를 표시하는 숫자판을 볼 때면 뭔가 다른 세상에서 특별한 사람들만이 저곳을 출입하려니 생각했다. 비행에 관심이 생겨 유튜브 영상으로 항공교신을 들을 때는 도통 무슨 소리인지 알아들을 수 없었다. 저렇게 복잡하고 빠른 교신으로 수많은 항공기들이 스스로 길을 찾아 부딪치지 않고 다닐 수 있다는 것이 신기하기만 했다. '활주로나 하늘에서 우물쭈물하거나 교신에서 한마디라도 잘못 듣고 실행하면 큰일이 날 텐데.' '나 때문에 다른 사람한테까지 피해가 가면 어쩌나?' 나 같은 초보가 말도 못 알아듣고 바쁜 공항 주변 하늘에서 헤매다가 큰 비행기 앞에 끼어들어 문제라도 생기면, 뉴스에 대문짝만하게 나올지도 모른다. 그러면 사람들이 말하겠지. '나이 든 사람이 할 일 없으면 집에서 얌전히 텔레비전이나 보든가. 왜 괜히 나와서 여러 사람 불편하고 위험하게 만들어?' 주변 사람들에게 내가 파일럿 과정을 배울 예정이라고 했을 때, 직접적으로 이런 말을 하지는 않았지만 비슷한 말이나 비유로 넌지시 그런 느낌을 주는 사람이 많았다. 그럴 때마다 '아, 지금은 때가 아닌가?' 스스로에게 묻곤 했다.

큰맘 먹고 시도했는데 남들의 부정적인 말 때문에 고민하는 상황이 미국 유학을 꿈꾸던 때와 비슷했다. 공부도 못하고, 영어는 하나도 모르고, 한국에서도 안 되는 애가 왜 미국까지 가려는 거냐는 말을 참 많이 들었다. 특히 형 친구 한 명의 말투와 표정은 지금까지도 생생하다. "너 공부 잘해? 못하지? 너 영어 할 수 있어? 못하지? 그런 애가 미국 가서 영어도 하고 공부도 할 수 있겠어?" 나는 그때 반박 한마디 못하며 속으로 생각했다. '그렇긴 하지. 공부도 못해, 영어도 못해. 잘하는 건 눈 씻고 찾아봐도 없어. 그런데 왠지 몸으로 부딪쳐서 하면 될 것 같단 말이야.' 속으로만 스스로를 위로하고 격려했다. 그런데 한두 사람이 그런 말을 할 때면 자기합리화, 자가정신치유가 통했지만, 주위에 온통 그런 사람들만 생기니 쉽지 않았다. 더구나 가족과 가까운 친지와 밥 먹는 자리에서 "쟤 좀 정신 차리라고 해봐"라는 말을 들을 때면 힘이 쑥 빠졌다. 그럴 때마다 '아, 지금은 아닌가? 나중에 기회가 생길까?' 하는 생각이 머릿속에 교차했다.

미국에서 학부를 마치고 석사를 하겠다고 했을 때도 비슷한 말을 들었다. "학부에서 컴퓨터를 전공했는데 석사를 교육 뭐? 교육공학? 그게 뭔데? 교육이면 교육이고 공학이면 공학이지, 교육공학은 또 뭐야? 그거 해서 돈이나 벌 수 있겠어?" 그런 말을 하는 사람들은 자신이나 자기 가족이 간 길을 은근히 자랑했다. "우리 애는 이번에 ○○ 들어갔잖아. 거기 좋대. 잘나간대. 그쪽은 앞으로 뭐, 확실하지." 그러면서 은근히 하는 말은 이런 뉘앙스였다. '너는 그런 거 할 수 있겠어? 한번 생각해봐. 물론 할 수 없겠지만 말이야.'

가보지 않은 길을 시작하는 지점에는 두려움과 긴장, 불확실성이 가득 차 있다. 그 와중에 도움이나 코칭의 말이 아닌 부정적인 말, 방해가 되는 코멘트, 비꼬는 뉘앙스의 말이 얼마나 큰 상처가 되고 사람을 힘들게 하는지 모른다. 이럴 때 얼마나 더 자신감을 갖고, 얼마나 더 노력하고, 얼마나 더 준비를 해야 마음이 편해질 수 있을까? "잘될 거야"라고 말해주진 못하더라도 "이번 기회에 큰 배움이 있을 거야"라고 말해주면 어땠을까? 모든 배움은 소중한 것이니 말이다.

교관을 처음 만나 수업하기 전에 필수로 준비해야 하는 것들이 있다. 신분증과 간단한 신체검사 결과다. 파일럿 대상의 신체검사를 실시하는 지정 병원에서 소변검사, 정신질환검사, 시력검사 등을 받아야 한다. 신체검사를 예약하고 대기실에 앉아 내 차례를 기다렸다. 10대에서 20대, 좀 많다 싶은 경우 30대 정도로 보이는 젊은 사람들이 기다리고 있었다. 나보다 나이가 많거나 내 또래로 보이는 사람은 없었다. 전에는 어딜 가도 내가 제일 젊었는데, 언젠가부터 무슨 모임에 가도 내가 가장 연장자일 때가 많다. 이번에도 그런 상황이 쉬이 받아들여지지 않았다. '이제는 늦은 건가?' 하는 생각에 자신감이 빠져나가려 했다.

그 순간, 일전에 어떤 박사후과정 학생과 나눈 대화가 생각났다. 그 학생은 한국의 지방 대학교에서 박사를 마치고 지도교수 추천으로 스탠퍼드 박사후과정에 들어온 경우였다. 이 친구의 고민은 박사후과정도 몇 년 했지만 딱히 갈 곳이 없다는 것이었다. 모르는 사람들은 스탠퍼드에서 박사후과정을 마치면 한국에서 쉽게 교수 자리를 따내리라 예상하지만 실상은 그렇지 않다며 한숨을 쉬었다. 이런 고민을 누구랑 의논할 수도 없고, 자신만 바라보는 가족들에게도 미안하다는 것이었다. 마음 한편에는 다른 꿈이 있지만 주변의 기대나 감당 못할 시선 때문에 차마 그 길로는 발을 떼지 못했다고 말했다.

원래 하고 싶었던 일이 뭐냐고 물었더니, '의사'라는 답이 돌아왔다.

"지금 하지 그래요?"

내 질문에 그는 멋쩍은 듯 말했다.

"이 나이에 의대 들어가면 다른 학생들이 교수인 줄 알아요."

박사에다 박사후과정까지 마치고 의대생들과 수업을 함께 들을 생각을 하면 깜깜했을 것이다.

"그럼 어때요. 사람은 살면서 설마, 과연, 설마, 과연을 반복해서 생각해요. 마음속 깊은 곳에 작게나마 열정의 불씨가 살아 있다면, 그리고 그게 자꾸 생각난다면, 그걸 진짜 해봐야 자신에게 미안하지 않아요."

이후 그 학생을 만나지 못하고 오랜 시간이 흘렀는데 어느 날 연락이 왔다.

"교수님, 저 레지던트 과정을 마쳤어요."

그는 고민에 고민을 거듭하다가 결국 의학전문대학원에 진학하기로 결심하고 다시 공부를 시작해서 힘들게 합격했다고 한다. 그리고 전공의 레지던트 과정을 끝내고 전문의 시험까지 합격했다는 것이다. 힘들었냐고 물었더니 말도 말라고 했다. 어린 학생들과 수업 들으면서 몸고생, 마음고생 했던 일은 겪어보지 않은 사람은 모를 거라고. 그렇지만 박사과정과 박사후과정 때 배웠던 것들이 엄청난 도움이 되었다고 했다. 그의 목소리에서 행복해하는 모습이 역력히 느껴졌다.

어떤 직종이든 어떤 위치든 그곳에 올라 돌아보면, 밑에서 볼 때만큼 대단하게 느껴지지 않는다. 막상 이루고 보면 '뭐 할 만하네' 하는 생각도 든다. 시작하기 전에는 그렇게 불가능해 보였던 것들이 이루고 보면 가능한 것이었음을 새삼 느끼게 된다. 물론 많은 노력이 필요했을 것이다. 하지만 아무리 먼 거리도 좋아하는 노래를 흥얼거리며 걷기 자체를 즐기다 보면 언제든 도착하기 마련이다. 단지 우리는 첫발을 떼기가 어려울 뿐이다.

—

파일럿 신체검사 병원 대기실에서 50대쯤으로 보이는 간호사가 내 이름을 호명했다. 내가 대답하니 간호사는 의아한 듯 차트를 다시 보며 "Midlife Crisis(중년의 위기)?" 하고 물었다. '중년의 위기'는 나이 50쯤 되면 인생을 돌아보게 되고 '그동안 뭐했나?'라는 자책과 '왜 날 위해서 살지 못했나?' 하는 후회로 어떤 일을 저지르는 경우가 많아 생긴 말이다. 갑자기 직장을 옮긴다든지, 대형 오토바이를 산다든지, 세계여행을 하겠다든지 등등 뭔가 안 하던 일을 감행하는 현상을 가리킨다. 나는 연륜 있어 보이는 간호사의 말에 긍정도 부정도 하지 않고, 그저 "새로운 걸 배우는 게 좋아서요"라며 밝게 웃어 보였다.

간호사를 따라 들어간 방에서 시력검사가 시작되었다. 시력 측정기의 작은 구멍에 눈을 대고 보이는 숫자를 말하라고 했다. 처음 큰 글씨들은 대략 보였는데 글씨들이 점점 작아지니 구멍 속의 빛이 너무 밝아서인지 도저히 읽을 수가 없었다. 시력검사에서 떨어지면 파일럿의 꿈은 내려놓아야 하기에, 나는 눈에 힘을 잔뜩 주고 작은 글씨를 읽으려 애썼다. 그런 내 모습이 안쓰러웠는지 간호사가 다시 한번 자세히 보라고 했다. 그때 나는 안경을 쓰고 있었는데, 안경 맞춘 지가 하도 오래되어 시력 교정이 잘 안 된 것 같았다. 평소에 그렇게 작은 글씨를 읽을 일이 없으니 별로 신경을 쓰지 않았던 것이다.

내가 한숨을 푹푹 쉬면서 글씨가 잘 안 보인다고 하자, 간호사가 '그 나이에 무슨 파일럿을 한다고……' 하는 표정으로, 시력 측정기 스위치를 확 꺼버렸다. 그러고는 나더러 밖으로 나오라고 했다. 그 순간 눈물이 나올 뻔했다. 언제 내 눈이 이렇게 나빠졌지? 나이들고 몸이 예전 같지 않은 것, 여기저기 쑤시고 아픈 데가 많아진 것, 시력이 떨어진 것 등을 다 알고 있었지만, 내가 기본 시력도 안되는 줄은 몰랐다. 시력 때문에 파일럿을 못한다고 생각하니, 그동안 부풀었던 꿈과 희망이 허무하게 터져버리는 듯했다. 기계 스위치를 무심히 꺼버리는 간호사도 너무 야속했다. 검사실을 나오며 불을 끄고 문을 쾅 닫아버리는 간호사에게 "저기요, 다시 한 번만더 해보면 안 될까요?"라는 말이 목까지 올라왔다가 입에서만 맴돌았다. '아, 이럴 거면서 교관하고 만날 약속은 왜 한 거지?' '그동안 들떠서 시뮬레이션 연습한 것도 다 소용없구나.' '주위 사람들에게 파일럿 훈련한다고 자신만만하게 말했었는데……' 지난 10여 년 동안 벼르고 설마, 과연, 설마, 과연을 반복하며 오늘이 오기를 기다렸는데, 5분도 안 되는 시력 검사 때문에 여기서 끝내야 하다니.

고개를 푹 숙인 채 터덜터덜 걸어 나왔다. 집으로 돌아갈 생각을 하고 있는데, 간호사가 나더러 복도 바닥에 표시된 줄에 서라고 했다. 그리고 저 멀리 벽에 있는 시력 테스트 판을 보라고 했다. "당신 안경이 교정할 때가 지난 듯하다. 난시가 있어서 화면의 불빛을 보면서 하는 시력 테스트는 힘들겠다"라고 간호사가 말했던 것 같다. 사실 뭐라고 했는지, 그 당시에는 잘 들리지도 않았다. 간호사는 안경을 앞으로 살짝 뺐다 뒤로 밀었다 하면서 글씨를 다시 잘 보라고 했다. 나는 안경의 거리와 위치를 바꿔가며 안간힘을 써서 벽의 글씨를 읽었다. 간호사 말대로, 복도에서는 앞을 보기가 수월했다. 정말 땀이 나는 순간이었다. 간호사가 나에게 기회를 한 번 더 주려는 것을 직감하고, 눈에 기적이 일어나기를 기도했다. 두 눈에 힘을 잔뜩 주고는 안경을 움직여 가며 가까스로 벽의 글씨를 읽었다. 간호사도 눈을 가늘게 뜨고 입술을 질끈 깨물며 응원의 표정을 지었다. 그러자 기적이 일어났다. 간호사가 "You passed!"라고 말하는 순간, 꺼진 촛불에서 피어오르던 연기가 휙 걷히고 밝은 불이 탁 켜지는 느낌이었다. 그렇게 기쁘게 신체검사 결과를 받아 들고 집으로 돌아왔다.

뭔가 새롭게 배우기 시작한다는 것처럼 가슴 벅차고 즐거운 일은 없다. 그 과정을 준비하는 것도 즐겁고, 한 발자국 한 발자국 나아갈 때마다 아슬아슬 가슴 졸이면서도 하나씩 하나씩 해결해갈 때의 기쁨은 이루 말할 수 없다. 시력검사도 마찬가지였다. 비록 열심히 공부해서 합격한 것은 아니지만 꿈을 향해 한 발자국 내디딘 게 대단히 기뻤다. 그 후로 건강에 대한 마음가짐도 달라졌다. 항상 비행을 염두에 두고 생활하려면 체력 관리가 아주 중요하다는 것을 깨달았다. 그전에도 남미로, 중동으로, 남아시아로, 동에 번쩍 서에 번쩍 출장을 다니며 시차 때문에 고생을 많이 했다. 운동을 제대로 꾸준히 해야겠다고 마음먹었지만 매번 작심삼일이 되고 말았다. 그런데 이제는 매일 운동을 하지 않으면 안 되는 이유가 확실해졌다. 무엇인가를 열정적으로 이루고 싶고 또 이룬 것을 유지하기 위해서라면, 몸 관리가 기본이었다.

어떤 일에 열정을 가지고 준비하는 동안에도 어려움은 있기 마련이다. 남의 말과 시선도 그중 하나다. 나의 열정을 주위에 알리고 의견을 듣다 보면, "넌 아직 준비가 안 되어 있어"라거나 "지금은 하던 일에 집중하고, 나중에 생각해봐"라는 조언이 돌아오기도 한다. 그럴 때 주춤거리다 보면 나중에 "진작 시작했어야지"라든가 "이미 늦은 거 아닌가?"라는 말을 듣게 된다. 과연 무엇을 시작하기에 완벽한 때가 있을까? 열정에는 나이도 때도 없다. 어떻게 보면 인생의 궤도를 바꾸기에 완벽한 시간은 영영 오지 않는다.

배우고 싶은 것이 있다는 것은 살아 있다는 증거이고, 배움을 통한 깨달음은 내 인생을 더욱 의미 있게 채워간다. 나의 열망에 걸맞은 완벽한 상황이나 시간은 절대 오지 않는다. 완벽한 때란 없기 때문이다. 나의 시간은 남의 말을 듣고 정해지는 것이 아니라, 결국 내가 정하는 것이다. 내가 이루고자 하는 열망이 강하면 강할수록 방법이 보이고, 하늘도 돕는다. 심지어 나의 열망에서 진정성을 느끼면 모르는 사람도 도울 때가 있다. 중요한 것은 단 한 가지 조건이다. "How desperate are you?(열망이 얼마나 간절한가?)"

만일 열망이 강렬하다고 하면서도 자꾸 주저하고 아무것도 시작하지 않는다면, 실은 그렇게까지 간절하지 않다는 뜻이다.

이륙 준비

/ 뉴 노멀 /

What is my new normal?

미국 매사추세츠에 사는 17세 소녀 매기 태라스카 Maggie Taraska가 훈련교관과 약 50시간의 비행훈련을 마치고 혼자 비행을 시도하는 날이었다.

관제사는 소녀 비행사에게 다음과 같이 교신한다.

"워리어 2496X, 활주로 9번 전체 길이로 이륙 허가합니다."

매기가 직접 조종하는 비행기가 활주로를 떠나 막 이륙하자, 아래에서 지켜보던 다른 조종사가 관제탑에 황급히 전달한다.

"관제탑, 방금 이륙한 워리어 기종의 오른쪽 바퀴가 떨어져 나갔습니다."

이를 들은 관제탑은 바로 매기와 교신을 시도한다.

"N2496X호, 여기는 관제탑, 응답하세요."

"네."

소녀는 아무렇지 않게 대답한다.

"당신 비행기 오른쪽 메인 랜딩기어가 떨어져 나갔습니다. 어떻게 하겠습니까?"

"회항해서 착륙해도 될까요?"

매기는 상황의 심각성을 인식하고 묻는다. 비상상황에서 파일럿은 모든 법규를 무시하고 안전하게 착륙하려는 시도를 뭐든 할 수 있다. 이때 지상 관제사는 최대한 도움을 주어야 한다.

"당연하죠. 혼자입니까?"

목소리가 어리고, 교신을 통해 초보 조종사임을 알아차린 관제사는 바로 이렇게 묻는다. 보통 이런 비상상황에서는 비행기에 몇 명이 타고 있는지, 연료는 얼마만큼 있는지 질문하게 되어 있다.

"네, 학생 파일럿이고 혼자입니다."

매기는 놀람과 두려움이 섞인 목소리로 대답한다.

"알겠습니다. 괜찮을 거예요. 공항 위에서 그냥 오른쪽으로 원을 그리며 도세요. 우리는 도와줄 사람을 찾을게요."

매기는 울먹이는 소리로 겨우 "오케이"라고 답한다.

"1,100피트 상공을 유지하고 오른쪽으로 도세요. 다 괜찮을 겁니다."

"오케이⋯⋯."

소녀는 한층 더 울먹이는 소리로 대답한다. 그렇게 한동안 공항 위를 선회했고, 급하게 호출한 훈련교관이 관제탑에 도착하여 자신이 가르친 파일럿에게 "아주 잘하고 있어요. 평소에 훈련하던 대로만 하면 돼요"라고 말한다. 교관은 최대한 매기를 안심시키고 침착하게 대응하도록 유도한다. 평소 훈련한 대로만 하면 된다고 반복한다. 그리고 마지막 선회를 한 번 더 시키고, 활주로까지 평소 하강 속도를 유지하며, 활주로에 잘 안착하도록 이끈다. 물론 비행기는 오른쪽 바퀴가 없는 관계로, 착륙 즉시 활주로 옆 잔디밭으로 주욱 미끄러지면서 멈추었다. 대기 중이던 소방차와 구급대가 비행기로 긴급하게 달려갔다. 연료가 새면 바로 폭발이 일어나 소녀가 다시는 세상을 볼 수 없게 될지도 모르기 때문이다. 매기는 침착하게 연료 밸브를 잠그고 비상조치를 취한 뒤 스스로 문을 열고 비행기에서 걸어 나왔다. 모두 안도의 한숨을 쉬면서 박수로 소녀를 환영했다.

그 후로 매기는 스타가 되었다. 방송 출연을 비롯해 위기대처 강연자로 나섰다. 매기 태라스카는 공군에 입대해 장교가 되겠다는 꿈을 가지고 계속 비행훈련에 임하고 있다. 그녀는 앞으로 웬만한 위기 상황에서는 울먹이지도 놀라지도 않고 평소 하던 대로 침착하게 잘 대처할 것이다.

—

나는 비행훈련을 받기 전부터 이 소녀에 대해 잘 알고 있었다. 첫 훈련을 받으러 가던 날 내게도 저런 일이 생기면 어떻게 대처할까 조금 두려웠지만, 통계적으로 볼 때 비행기가 자동차보다 사고 확률이 훨씬 적다는 것을 상기하려 애썼다.

훈련교관을 처음 만나 비행기로 같이 걸어가면서 지금이라도 관둘 수 있다고 생각했다. '오늘 교관이 하는 걸 잘 보고 집에 가서 다시 결정하는 거야.' 그런데 20대 초반의 교관은 나더러 왼쪽에 앉으라며, 자신은 오른쪽에 앉았다. 이건 뭐지? 오늘은 첫 비행훈련이니 당연히 나는 오른쪽에 앉아서 교관이 비행하며 설명하는 것을 듣고 몇 번 뒤에야 왼쪽에 앉는 것으로 예상했기에 깜짝 놀랄 수밖에 없었다. '아니, 뭘 믿고 나한테 조종간을 잡으라는 거지? 이 교관님이 너무 어려서 잘 모르시나?'

얼떨결에 왼쪽에 앉아서 교관의 얼굴을 멀뚱멀뚱 보고 있으려니, 교관이 내게 이것저것 시켰다. "이것을 체크하고, 요것을 잘 보고, 저것을 확인하고, 자, 시동을 거세요"라고 하는 것이었다. "네? 내가 직접 비행기 시동을 걸라고요?" 나중에 알게 되었지만, 비행훈련은 처음부터 교관의 말대로 하면서 배우는 것이지, 학생이라고 오른쪽에 앉아 구경하고 나서 나중에 직접 해보는 것이 아니었다.

단 30분 전에 설명한 것도 귀에 들어오지 않는 상황이었는데, 교관은 이제 시동을 걸고 출발하자고 말하는 것이 아닌가. '오케이, 좋아요. 까짓것 해봅시다!' 하는 심정으로 시동을 걸었다. 유도로를 거쳐 활주로로 향했고 이륙 허가를 받은 다음 엔진을 풀가동시켜 활주로를 날아올랐다. 막상 하늘로 올라가니, 옆에서 하는 말이 잘 들리지 않고 시키는 대로 따라 하기도 엄청 힘들었다. 마치 술에 취해 정신이 반쯤 나간 상태였다. 처음 듣는 엔진 소리, 많은 계기판, 헤드폰으로 들려오는 빠르게 지나가 버리는 무전교신 내용, 도대체 정신을 차릴 수 없었다. 비행기의 모든 부품과 기체의 모든 부분이 다 불안정해 보였다. 언제 바퀴가 떨어져 나갈지, 언제 한쪽 날개가 부러질지, 언제 조종간이 쑥 빠져나올지, 언제 엔진이 갑자기 멈출지 온통 불안했다.

지금 생각해보면, 훈련을 시작하기 전에 사고 영상을 너무 많이 본 것도 같다. 그렇지만 긍정적인 것만 많이 보았다면 실제 상황에서 어땠을까? 더 당황스럽고 두려웠을 것 같다.

그렇게 처음 비행기를 조종해보고 땅에 내려와서는 기운이 다 빠져서 거의 쓰러질 뻔했다. 다리가 완전히 풀린 것이다. 좋지도 않은 머리로 땅에서도 기억하지 못하는 것들을 하늘에서 기억하려니 잘 될 리가 없었다. 인터넷 동영상에서 남들이 비행하는 모습은 다 부드럽고, 안정되고, 자연스럽고, 여유롭던데, 나는 원하는 대로 비행기가 움직여주지 않았고 하늘에 올라가서 뭘 배웠는지 기억도 나지 않았다.

———

살다 보면 뜻밖의 진퇴양난에 빠질 때가 있다. 그런 상황은 하필 가장 불편한 시간이나 조건일 때 찾아오기도 한다. 미국에서는 이런 상황을 보통 'perfect storm'이라 부른다. '왜 하필 지금?' 하며 패닉에 빠져, 문제를 해결해보려 해도 마음만 더 급해지고 더욱 긴장된다. 그러다 보니 평소에 잘 알던 것도 생각나지 않는다. 비행에서 그런 상황이 생기면 사태가 더 심각해지기 쉽다. 예를 들면,

구름 속에서 난기류를 만나 비행기가 위아래로 흔들린다고 해보자. 버튼 하나 제대로 누르기 어려운 상황에서 연료는 빠르게 줄어들고, 고도계가 위아래로 춤추는 바람에 고도가 몇인지도 모르는 산 위를 지나가게 되고, 공항은 바로 산 밑이라고 화면에 나오는데 밖에는 불빛 하나 보이지 않는 깜깜한 밤이라면, 과연 누가 얼마나 침착하게 대처할 수 있을까?

그러나 그럴수록 침착해야 한다. 그것만이 살 길이다. 실패를 많이 해본 사람일수록 긴장하지 않는다. 스타트업 팀에서 사람을 뽑을 때 실패 경험이 있는 사람을 선호하는 이유가 바로 그것이다. 비록 실패를 많이 해보았지만 같은 실수를 반복하지 않았고, 자기성찰을 통해 통찰력을 키울 수 있었기 때문이다. 자기성찰 없는 실패는 의미 없는 실패이지만, 성찰이 따르는 실패는 자기발전의 큰 계기가 된다.

나는 훈련 둘째 날부터 매번 작은 고프로 GoPro 카메라를 설치해서 내가 비행하는 모습과 교신 내용을 전부 녹화했다. 집에 돌아와 그 영상을 보면서 내가 주로 어떤 부분에서 실수를 하는지, 무엇을 자꾸 까먹는지, 어떤 조작을 한 이유는 무엇인지 분석하면서 노트 정리를 했다. 다음에는 무엇을 어떻게 고쳐야 할지 집에서 시뮬레이션하면서 다음 교습 시간을 기다렸다. 조금씩 나아지는 걸 느끼게 되니 두려움이 줄어들면서 자신감이 점점 생기기 시작했다.

그렇게 훈련에 필요한 여러 가지 기본 조작법을 익히면서 비상 훈련도 이루어졌다. 엔진이 꺼질 경우, 불이 날 경우 등등 여러 경우의 수에 대비해서 즉각적으로 반응할 수 있는 훈련이었다. 예를 들면 이런 식이다. 예고도 없이 갑자기 교관이 엔진 출력 레버를 당겨버리고 말한다. "자, 엔진이 꺼졌습니다. 어떡할래요?" 이런 훈련을 하다 보니 평소에도 교관이 언제 저 레버를 확 잡아당길까 대기하게 되었다. 그리고 언제든지 지상을 보면 '음, 지금 엔진이 꺼지면 저기에 착륙해야겠군' '저긴 길이 좀 짧고 복잡하니 다른 데가 좋겠군' 하는 생각을 자동으로 하게 되었다. 산을 지나갈 때도 '여기는 나무가 울창하고 길도 없으니, 여기서 엔진이 꺼지면 일단 글라이더처럼 하강하고 최대한 속도를 줄이고 나무들 위에 꼬리부터 닿도록 하고, 나뭇가지들 위에 비행기를 내려놔야겠군' 속으로 계속 생각하며 비행하곤 했다.

파일럿 훈련 과정은 단지 비행기 이륙과 착륙 방법만 연습하는 것이 아니다. 물리적인 공기역학뿐 아니라 전자장비 사용, 전파, 기상, 바람과 안개, 구름, 얼음, 엔진과 기계 작동에 대해서도 배운다. 심지어 시험에는 나오지 않지만 엔진오일 필터를 검사했을 때 성분 검사하는 방법과 그것으로 엔진 상태를 점검하는 법도 배우

조종석 내부

게 된다. 기본 교육과정 외에도 배울 것이 넘치도록 많아서, 평생 공부해도 다 할 수 없는 것이 항공 분야다. 많이 알면 알수록, 많이 경험하고 대처할수록 더욱 안전한 비행을 할 수 있기 때문에 끊임없이 배우고 훈련해야 한다. 그랬을 때에 현재 상황이 비상상황으로 가고 있는지 그렇지 않은지를 미리 감지할 수 있고, 작은 소리, 작은 신호, 작은 메시지, 작은 변화에도 민감해진다. 무엇을 시작하든 두려움은 경험과 함께 언제 그랬냐는 듯이 사라지기 마련이다. 그렇게 조금씩 조금씩, 처음에는 특별하게 하던 것들이 점점 평소에 하는 것들로 바뀌게 되었다.

어떤 일을 시작할 때 처음에는 너무 생소해서 두렵고 가능성이 없어 보일 수 있다. 하지만 그럴수록 기본적인 중요한 것들을 나의 루틴으로 만들려는 노력이 필요하다. 기본을 하나하나 일상화하면, 평소에도 자동적으로 반응할 수 있기 때문이다. 생각이 잘 나

조종석에서 사전 점검 중

지 않고 자꾸 잊어버리면, 노트를 만들고, 눈앞에 스티커를 붙여놓고, 나만의 기억 재생법을 만들면 된다. 그러면 아무리 불가능해보이는 것들도 점차 가능해진다. 그것이 몸에 배기 때문이다.

허황된 꿈과 가능한 꿈은 종이 한 장 차이다. 주위에서 아무리 허황된 꿈이라 해도 내가 어떻게 시작의 두려움을 없애고, 많은 상황에 대처 가능한 기본을 일상화하도록 훈련하느냐에 따라서, 특수한 것들이 모여 나만의 '뉴 노멀 New Normal'이 될 수 있다.

비상착륙에 성공한 매기라는 소녀도 훈련 시간은 짧았지만 평소처럼 기본에 충실히 대처한 덕분에 랜딩기어 없이 안전하게 착륙할 수 있었다. 그런 비상상황 시 당황해서 울고만 있거나 지레포기하고 조종간을 놔버렸다면, 공군 장교의 꿈은 영원히 사라졌을 것이다.

오늘 마음속으로는 이루고 싶지만, 멀고 특별하게만 보이는 기회는 무엇인지, 그리고 내가 지금 조금씩 만들어가고 있는 뉴 노멀은 무엇인지 생각해보자. 그래서 무엇을 시작한다면, 이 질문을 꼭 해보기 바란다. "What is my new normal?(나의 '뉴 노멀'은 무엇인가?)"

/ 배움의 이유 /

Am I still alive?

2020년 4월 24일, 77세의 한 남자가 로스앤젤레스 근교에서 비행을 마치고, 작은 공항인 호손 공항 관제사로부터 "허스키 89HU 호, 착륙 허가합니다"라는 교신을 받고 안전하게 착륙한다. 활주로에서 나와 유도로를 천천히 택시 taxi(유도로에서 이동한다는 뜻) 할 때, 공항 관제사는 다음으로 공항에 다다른 비행기에 착륙 허가를 전한다. "시러스 816CT호, 활주로 25로 착륙 허가합니다." 그리고 관제사는 좀 전에 착륙한 남자에게, 다른 비행기가 지금 곧 착륙하니 H자가 붙어 있는 유도로 길목에서 잠시 대기하라고 지시한다. 그 남자는 활주로 옆의 유도로 끝까지 택시를 해서 H 길목에 다다르자 거기서 기다리고 있다고 관제사에게 말한다. 관제사가 "허스키 89HU호, 계속해서 활주로 25 대기선에서 기다리세요. 현재 다른 비행기가 접근 중입니다"라고 말하자, 그 남자는 "89HU호, 활주로 25를 건너가겠습니다"라고 말하고 활주로를 건너간다. 그러자 관제사는 "89HU호! 활주로 어서 건너가세요. 내가 대기선에서 가만히 기다리라고 했잖아요!"라고 화를 내며 그 남자에게 활주로를 어서 빨리 건너가라고 소리친다. 관제사가 처음에 'Continue holding(계속 대기)'이라고 말했는데 그 남자는 이것을 'Cross(건너시오)'라고 잘못 들은 것 같다. 그 남자는 관제사로부터 엄중한 경고를 받고, 이 사건은 미국 연방항공청 Federal Aviation Administration: FAA에 보고된다. 다행히 사고는 안 났지만, 뒤따라 들어오던 파일럿은 자신이 착륙할 활주로를 건너는 비행기를 보면서 가슴이 철렁 내려앉았을 것이다.

3년 전인 2017년 2월 13일, 이 남자의 비행기는 캘리포니아 오렌지카운티의 존웨인 공항 활주로 20L로 착륙 허가를 받는다. 20L 활주로로 다가오던 이 남자의 비행기는 20L 바로 앞 유도로에서 대기 중인 아메리칸 항공의 보잉 737기 바로 위로 스치듯 지나가, 유도로 C에 착륙한다. 이 남자는 유도로 C를 활주로 20L로 착각한 것이다. 자칫 엄청난 대형 사고로 이어질 뻔했다. 남자는 아직 상황판단이 안 되었는지, 왜 내 활주로에 보잉기가 들어와 있느냐고 관제탑에 묻는다. 관제탑은 당신이 지금 활주로가 아닌 유도로에 착륙했다며 당장 관제탑에 전화하라고 명령한다. 남자는 그제야 자신이 큰 실수를 저질렀다는 것을 알아차리고 관제탑에 전화를 걸어 자신의 파일럿 정보를 전한다. 이 사고 역시 연방항공청에 보고되었다.

그 2년 전에도 큰 사고가 있었다. 2015년 3월 5일, 이 남자가 조종하는 제2차 세계대전 때 쓰이던 'Ryan PT-22 Recruit'라는 훈련 비행기가 산타모니카 공항 근교에서 엔진에 문제를 일으켰다. 그는 엔진 출력 없이 활강하다가 공항 바로 앞의 골프장에 불시착했다. 이 사고로 척추, 대퇴부, 발목 등이 부러지는 중상을 입는다. 이때도 연방항공청은 사고조사단을 파견해 진상조사를 했다.

그뿐만이 아니다. 1999년 10월 23일, 이 남자는 'Bell 206L4 LongRanger'라는 헬리콥터로 훈련을 하고 있었다. 엔진 출력 없이 하강하다가 다시 엔진 출력을 높여 상승하는 훈련 과정에서 엔진 출력을 너무 늦게 높였던지, 헬리콥터가 그대로 땅에 떨어지는 사고를 당한다. 그는 여러모로 연방항공청과 상당히 자주 통화를 해야 했다.

캘리포니아 애플밸리 공항에서

하지만 이 남자가 문제만 일으켰던 것은 아니다. 헬리콥터 추락 사고를 겪은 그다음 해 여름, 미국 아이다호주의 해발 3,500미터 산속에서 조난당한 20세 여성의 소식을 듣고 바로 자신의 헬기로 날아가 그 여성을 구조했다. 민간인이 조난자를 직접 구해낸 이 이야기가 뉴스에 나오자, 엄청난 화제가 되었다. 하지만 이 남자는 자기 혼자 구한 것이 아니며, 자신은 그날 수고한 수많은 사람들 중 하나일 뿐이라고 말한 것으로 유명하다.

비행에 대한 이 남자의 열망은 엄청났던 것 같다. 어릴 적부터 하늘을 날아오르는 꿈을 꾸었다고 한다. 복잡한 도시에서 하늘로 날아올라 비상할 때 엄청난 행복과 자유로움을 느낀다고도 말했다. 그는 파일럿으로서 남들보다 훨씬 더 많이 좌충우돌했고 사고로 사경을 헤맨 적도 있지만, 어떤 일에 종사하든 마음속에는 항상 비행이 있었던 것 같다. 그래서 항공사 파일럿이 아니면서도 수천 시간 넘는 비행 경력이 있고, 77세의 나이에도 쉼 없이 비행하고 있다. 그러면서 기회가 될 때마다 어린 학생들에게 파일럿의 꿈을 심어주거나 환경을 보호하는 일이라면 발 벗고 나선다.

이 남자의 본업은 영화배우다. 원래 낯을 많이 가리고 내성적인 성격이어서, 어디 가서 자신 있게 자기주장을 펼치지도 못했다. 위스콘신의 작은 대학교에서 철학을 전공했는데 마지막 학기에 연기수업을 들었다고 한다. 그 연기수업에서 자신의 새로운 가능성을 발견했던 모양이다. 그 가능성 하나로 할리우드에 가서 일자리를 찾았지만 아무도 반겨주지 않았다. 주급을 받으며 엑스트라 1, 엑스트라 2 또는 행인 1, 행인 2 등 대사도 없는 역할을 했고, 그나마 호텔 입구에서 벨맨 엑스트라를 할 때는 너무 튄다는 핀잔을 들어서 더욱 움츠러들었다.

그 와중에도 영화 속 비행기 액션신들을 보면서, 파일럿이 되어 하늘을 자유롭게 날고 싶다는 어렸을 적 열정에 계속 불을 지폈다. 당시 로스앤젤레스에 있는 비행학교 수업료는 그에게 너무 부담스러운 액수였다. 무명 영화배우 일로는 돈을 제대로 벌 수 없어서 목수 일을 병행했지만 이조차 충분하지 못했다. 이 남자의 파일럿 꿈은 영화배우로 돈을 제대로 번 후에야 이루어졌다.

여기까지가 바로 유명 영화배우 해리슨 포드 Harrison Ford 의 이야기다. 그는 〈인디아나 존스〉와 〈스타워즈〉, 그리고 엄청난 흥행을 기록한 히어로 시리즈 영화들에 출연했다. 〈스타워즈〉에서는 밀레니엄 팔콘이라는 우주선을 모는 기장으로, 〈인디아나 존스〉에서는 1930년대에 제작된 전투기를 모는 파일럿으로 등장했고, 〈에어 포스 원〉에서는 보잉 747을 조종하기도 한다. 영화 속에서나 현실에서나 파일럿으로 살아온 해리슨 포드는 아무도 말릴 수 없는 천생

항공인 aviator인 것이다. 지금도 로스앤젤레스 상공 어디선가, 아니면 시골 동네 산자락 위를 털털거리는 구형 비행기로 넘나들고 있을 것이다.

—

유명 영화배우들 중에 실제로 파일럿인 이들로 앤젤리나 졸리 Angelina Jolie, 브래드 피트 Brad Pitt, 커트 러셀 Kurt Russell, 모건 프리먼 Morgan Freeman, 존 트라볼타 John Joseph Travolta, 그리고 클린트 이스트우드 Clint Eastwood 등이 있다. 클린트 이스트우드의 말에 따르면, 하늘에 올라가면 사람은 누구나 각각의 비행기에 주어진 숫자에 불과하다. 즉 유명인도, 부자도 알아볼 수 없고, 오직 조종하는 비행기의 콜사인 callsign(비행기 식별 번호)만 있다는 것이다. 그래서 하늘에서는 모두가 평등하다.

실제 파일럿으로서 영화 속 비행기를 직접 조종하고, 전투비행기를 구입해서 몰기도 하는 영화배우가 또 있다. 바로 톰 크루즈 Tom Cruise다. 자신이 직접 스턴트를 해야 더욱 실감 나는 훌륭한 작품을 만들 수 있다는 신념을 가진 남자다. 그는 스턴트를 하다가 다쳤을 때도 다시는 못 뛸지 모른다는 의사의 말을 뒤로하고 예정된 촬영을 모두 마친, 불굴의 의지를 지닌 사나이다. 그가 직접 찍은 놀라운 스턴트 장면 중 압권은 〈미션 임파서블: 로그네이션〉이다. 실제로 군용 수송기에 몸을 매달고, 고도 1,500미터 상공까지 엔진의 최고속 출력으로 상승하는 비행기 밖에 가까스로 매달려 있다가 문을 열고 안으로 들어가는 장면이다. 비행기 날개 뒤 동체에 매달려 온몸으로 느꼈을 강력한 바람에 얼굴이 거의 찢겨 나갈 정도로 일그러진 표정이며, 눈을 뜰 수 없어 특수 콘택트렌즈를 착용하고 사투를 벌이는 모습을 보면, 그야말로 미친 연기력의 배우임을 잘 알 수 있다.

톰 크루즈는 어려서부터 꿈이 두 가지였다고 한다. 영화를 만드는 것과 파일럿이 되는 것. 그는 두 가지 꿈을 모두 이루었다. 어린 시절은 그다지 편하지 않았다. 가난한 가정에서 태어나 싱글맘인 어머니와 14년간 살며 전학을 15번 다닐 정도였다. 하지만 뉴욕의 레스토랑에서 아르바이트를 하면서도 두 가지 꿈을 절대 놓지 않았다.

현재 톰 크루즈는 개인비행기 파일럿 면허뿐 아니라 계기비행, 쌍발엔진 비행, 그리고 상업용 파일럿 면허까지 가지고 있다. 전 세계를 돌아다니며 영화를 만들고 연예인 활동을 하느라 엄청 바빴을 텐데, 도대체 어떻게 시간을 내서 공부하고 비행훈련을 했을까? 확실히 그의 항공 열정은 남달랐다. 아마 로케이션 촬영 중에도 호텔로 돌아오면 다시 책을 붙들고 공부하고, 촬영이 없는 날이면 공항으로 향했을 것이다. 아무리 돈이 많아도 이 모든 과정은 돈으로 살 수 없다. 아무리 유명하고 아는 사람이 많아도, 배움의 과정에는 새치기를 할 수도, 지인의 힘을 빌릴 수도 없다. 모두 공평하게 한 시간, 한 시간 직접 공을 들이고 땀 흘려 연습해서 과정 하나하나를 합격해야 한다. 더욱이 그 모든 자격은 배움을 멈추거나 시간이 경과되면 다시 시작해서 시험을 보아야만 유지할 수 있다. 그래서 항공 분야에서는 글로벌 스타라 해도 별수 없다.

—

보통 사람들은 아무리 열정이 있어도 한두 번 위험한 경험을 겪으면 포기하는 경우가 많다. 어떤 이들은 해리슨 포드를 계속 실수하는 사람, 계속 사고나 내는 사람이라고 조롱하거나 폄하할지 모른다. 하지만 그 속을 들여다보면 절대 무시할 수 없다. 헬기 사고를 경험하고도, 엔진 문제로 인한 사고로 불시착을 경험하고도 그는 또다시 조종간을 잡았다. 실수에 실수를 연발해도 재훈련을 받고, 결국 통과해서 제자리로 돌아오는 파일럿. 그런 모습은 웬만한 열정으로는 시작할 수도, 이룰 수도, 유지할 수도 없다.

사람이 어느 순간에 배움을 멈춘다는 것은 죽기만을 기다리겠다는 말이다. 우리는 배움을 통해 살아 있음을 확인할 수 있기 때문이다. 열정에 불을 지피고 계속 활활 타오르게 하려면, 끊임없이 배움의 기름을 부어야 가능하다. 아무리 실수해도, 아무리 넘어져도 그 자리에 안주하지 않고 앞으로 더 나아가고 더 발전된 나를 만나고 싶다면, 배움을 절대로 멈춰선 안 된다.

어느 직종이든지 열정을 가지고 시작했다면, 계속해서 배우고 있는가를 스스로 물어볼 필요가 있다. 가르침의 열정을 가진 사람, 사람의 병을 고치는 사람, 새로운 제품을 만드는 사람, 다른 사람의 인권을 보호하려는 사람 등등 모두 마찬가지다. 배움을 멈추고 현재에 안주하면 어떻게 될까? 전에 아무리 최고였어도 어느새 도태되거나, 문제가 생기거나, 사고가 나거나, 뒷자리로 밀려난다.

80대에 다가선 해리슨 포드가 오늘도 비행기를 이륙하면서 또 어떤 실수를 할지, 어떤 위험에 부딪힐지 모른다. 하지만 그는 자신을 잘 안다. 안전하게 착륙할 훈련을 또다시 했고 재훈련을 통과했기 때문에, 무슨 일이 생긴다 해도 또 훈련하고 배우고 조종석으로 돌아올 것이다. 그가 지금의 위치 덕분에 그렇게 살 수 있는 것이 아니다. 인생을 늘 그렇게 살아왔기 때문에 지금 위치에 오르게 된 것이다. 미친 연기력과 아찔한 스턴트 덕분에 온몸에 영광스러운 상처로 가득한 톰 크루즈 또한 마찬가지다.

한번 이륙한 비행기는 착륙할 확률이 100이어야 한다. 99퍼센트도 용납되지 않는다. 반드시 100퍼센트 다시 착륙해야만 한다. 그러기 위해서는 끊임없이 배울 각오를 해야 한다. 그러지 않으면 죽기만을 기다리는 삶이 되기 때문이다.

어떤 열정을 가지고 무엇을 하든 수시로 자신에게 물어볼 필요가 있다. "Am I still alive?(나 아직 살아 있나?)"

해리슨 포드와 톰 크루즈, 이 두 사람의 인생 여정을 보면 둘 다 처음 시작은 미약했으나, 모두 심히 창대하게 못 말리는 사람들이 되었다. 사실 이 두 사람 외에도 못 말리는 열정을 가진 사람들은 많다. 다들 진정으로 살아 있는 인생을 살고자 오늘도 열심히 배우는 사람들이다. 나도 그런 살아 있는 사람들 중 하나가 되려고 오늘도 배우고 있다. 난 평생 학생이기 때문이다.

/ 마음의 시도 /

What's always on my mind?

어렵고 불가능해 보이는 일일수록 긴 고민과 망설임의 시간이 있다. 특히 그것이 평소의 나와 거리가 있거나 위험하거나 모험을 감수하는 일이라면 더더욱 그렇다. 생각을 행동으로 옮기기 전에 신중에 신중을 기하고, 많은 정보를 알아보고, 내가 할 수 있는지 다시 고민하고, 지금까지 걸어왔던 길과 시너지가 생기는지 생각해보는 것은 당연하다. 오랫동안 그런 과정을 지나오면서도 그 일이 마음속에 계속 남아 있다면, 죽기 전에 꼭 도전해야 한다는 뜻이다.

2009년 겨울, 학교에서 돌아오면서 집에 가면 비행기 시뮬레이터를 한번 해봐야겠다는 생각이 불현듯 들었다. 평소에 컴퓨터 게임에 그다지 관심이 없고 시간도 없었지만, 큰 항공기를 타고 세계 방방곡곡을 다니다 보니 자연스럽게 비행기 기종에 관심이 많아졌다. 비행기 조종은 얼마나 복잡할까 궁금해지기 시작했다. 그날 소프트웨어를 내려받아 비행을 몇 번 해보고, 며칠 후에는 조이스틱까지 장만해서 시뮬레이션 비행을 시도했다. 워낙 바쁜 일이 많아, 뭔가 새로운 것을 시도하거나 배우는 것이 쉽지는 않았다. 이런 내 모습을 보던 아내는 내가 비행 시뮬레이션을 한다는 사실에 매우 놀라는 기색이었다. 몇 주가 멀다 하고 어디론가 출장을 가고, 또 다녀와서는 도서관에 가거나 학교 연구실에서 밤을 새우다시피 하면서, 컴퓨터 게임이나 할 시간이 있느냐는 것이었다. 그냥 게임이 아니라 비행 시뮬레이션이라고 자세히 설명해주었더니, 이러다가 진짜 파일럿 훈련 시작하는 거 아니냐며 걱정스러운 눈으로 나를 바라보았다. 나는 웃으며 그럴 일 없다고 손사래를 쳤다. 나의 시작은 이렇듯 소박했다. 여행객 입장에서 비행에 관심이 생겨 집에 앉아 시뮬레이션을 해보는 수준이었다.

그러다가 2010년 2월 17일, 펠로앨토 도시 전체에 전기가 나가는 희한한 일이 발생했다. 그날 저녁 뉴스를 보니, 전기자동차의

대명사 테슬라 회사의 직원 세 명이 팰로앨토 공항에서 캘리포니아 남부로 회의를 하러 가다가 사고가 났다는 것이다. 그들은 쌍발 비행기로 이륙하다가 팰로앨토에 전기를 공급하는 대형 전신주를 들이받았다. 세 명 모두 그 자리에서 숨지고 팰로앨토 도시 전체에 전기가 끊겼다. 그날은 공항에 안개가 자욱했다. 관제탑에서조차 활주로를 맨눈으로 확인할 수 없어서, 파일럿이 전적으로 책임지고 이륙해야 하는 조건이었다. 작은 동네, 그것도 내 학교와 집이 있는 동네에서 일어난 사건이기에 매우 충격적이었다. 뉴스를 함께 보던 아내는 정색을 하며 말했다. "비행기는 저렇게 위험한 거예요." 그때도 나는 "그럼, 비행 조종은 위험하지" 하며, 방에 들어와서는 조이스틱을 찾았다. 그러고는 팰로앨토 공항의 안개 상황에서 이륙하는 시뮬레이션을 해보았다. 관심은 있었지만 위험한 일이므로 나 같은 보통 사람이 실제로 할 일은 아니라고 생각했다. 그러면서도 그 사고는 파일럿의 과실이 너무 컸다고 혼자 분석했다. 시야가 안개에 완전히 가려져 계기에만 의존해서 비행하는 상황이 얼마나 위험한지 상기하면서.

그렇게 또 몇 년이 흐른 뒤, 우연히 인터넷에서 〈항공 사고 Air Disaster〉라는 방송을 보게 되었다. 과거 비행기 사고를 조사하는 시리즈였다. 그동안 있었던 수많은 사고 사례를 하나하나 재연해 보여주면서 그것이 파일럿 실수였는지, 기체 결함이었는지, 관제사의 잘못이었는지, 정비 문제였는지, 자연재해가 원인이었는지, 단순한 오해 때문이었는지 등을 자세히 설명해주었다. 나도 모르게 그 프로그램에 빠져들어 틈틈이 시청하다 보니 거의 모든 사례를 꿸 정도가 되었다. 그러면서 무심코 '저런 걸 조심해야 되는구나', '저런 걸 잘 보아야겠구나' 하며 마치 파일럿이 된 듯 화면에 초집중했다. 사고 원인을 풀어가는 과정은 상당한 과학적 실험과 검증이 필요했다. 그런 만큼 작은 실마리들을 서로 연결해가며 최종 원인 분석에 도달하는 장면들이 어떤 드라마나 다큐멘터리보다 흥미진진했다. 한편으로는 '왜 내가 이런 데 관심을 두지?', '내가 무의식중에 뭘 준비하는 거지?'라는 의문이 들었다.

이처럼 나는 파일럿이 되는 것에 부정적이었고 훈련을 받을 자신도 없었다. 하지만 시간이 지날수록 이상할 정도로 항공 사례에 흥미가 생겼다. 비행기 시스템, 기후, 항공관제, 하나하나 알면 알수록 재미있었고, 관심이 점점 깊어졌다. 특히 부시 파일럿에 관한 이야기들은 내 마음을 사로잡았다. 어려운 기후 조건에 힘든 비행 상황뿐인 오지를 다니며 식량을 전달하고, 병자를 나르고, 사고 현장에서 구조를 돕고, 멸종위기 동물을 구출하거나 유기견을 운반하는, 투철한 봉사정신의 파일럿 그룹이 많다는 사실에 더욱 감탄

했다. 물론 내가 파일럿이 되어야겠다는 엄두는 내지 못했다. 그때까지만 해도 실제 파일럿이 되는 것은 나하고는 거리가 아주 먼 일이었다.

———

나는 학생들과 교육 프로젝트를 진행하기 위해 아프리카 지역이나 오지 원주민족 마을을 계속 방문했고, 점차 행선지가 다양해졌다. 그 와중에도 부시 파일럿이나 비행 관련 봉사단체 프로그램을 접할 때면 시간 가는 줄 모르고 빠져들었다. 내가 방문했던 곳보다 더 험한 오지에 가려면 부시 파일럿이어야 한다는 데 생각이 미쳤다. 결국 내가 해야 할 일이 그런 것인가? 은퇴를 고민하는 주변 사람들을 보면서 나의 노년기를 그려보았다. 지금까지 내가 운영해온 비영리재단을 중심으로 교육과 여러 봉사 프로젝트를 새로운 부시 파일럿 프로그램과 결합하면 더 의미 있지 않을까? 그런 일을 하는 노인으로 일생을 마치면 정말 뿌듯할 것 같았다.

하지만 모든 여건이 다 긍정적으로 보이지는 않았다. 단적으로 지금 진행 중인 교육 프로그램을 통해 아프리카 아이들에게 장학금과 교육 기자재를 제공하기에도 벅찬데, 비행훈련에 필요한 돈을 쓰는 것이 큰 부담으로 다가왔다. 그 돈이면 아프리카 학생 수십 명에게 장학금을 더 줘서 학교를 보낼 수 있을 텐데……. 그리고 나보다 더 적합한 사람이 많을 텐데 굳이 내가 그런 일을 해야 할까? 다른 방법으로 얼마든지 교육과 봉사 프로그램을 진행할 수 있는데 굳이 위험한 오지까지 가야 할까?

한데 나이가 들면 겁이 더 없어지는지 자꾸만 이런 생각이 떠올랐다. '젊은 사람들에게는 부담스럽고 위험할 수 있으니, 나이 든 내가 그런 곳을 찾아다녀야 하지 않을까?' 전에 방문했던 인디언 보호구역도 작은 비행기를 타고 가면 차로 장시간 험한 길을 갈 때보다 심적으로도 여유로워 훨씬 더 자주 방문할 수 있고 프로그램 운영도 더 효율적일 듯싶었다.

중년의 인생 계획은 현재를 기준으로 은퇴 시기까지를 잡는 것이 보통이다. 그러나 나는 생이 끝나는 시점에서 거꾸로 현재까지를 계획하다 보니, 죽기 전에 해야 할 일이 너무 많고 시간은 너무 적다는 생각이 들었다. 특히 진행 중인 '1001 스토리 프로젝트'만 보아도 그랬다. 내가 죽기 전에 아이들 스토리를 담은 책 1001권을 출판할 계획이었는데 아직 120여 권밖에 출간하지 못했다. 여러 교육 프로젝트들을 정상궤도에 올리려면 시간이 별로 없다는 조바심이 들었다.

스마일 프로젝트, 탄자니아에서

인도네시아에서 진행한 교육 행사

샤워를 할 때도 길을 걷다가도, 오지의 아이들을 만나 수행할 계획이 계속 머릿속에 떠올랐다. 예전에 아쉬웠던 점, 다음에 준비해 가면 좋을 아이디어가 떠올랐다. 아이들 앞에서 멋지게 기타를 치며 함께 노래를 부르려면 기타도 배워야 하고, 함께 동화책을 만들려면 그림도 배워야 하고, 인공지능 로봇을 만들려면 코딩은 물론 센서와 서보 콘트롤러 보드Servo Controller Board까지, 미리 배우고 준비할 내용이 끊임없이 떠올랐다.

배울 일은 차고 넘치는데 앞으로 살 시간은 정해져 있다. 그런 탓에 시간을 의미 있게 보내고 체계적으로 계획하는 법에 관심이 더 커졌다. 내가 무엇을 하든 안 하든 세상의 시간은 절대 멈추지 않고, 내가 의미 있는 일을 하든 의미 없는 일을 하든 죽게 되어 있다. 생일이 분명히 있었던 것처럼 사망일도 분명히 있을 터인데, 생일과 사망일 사이를 무엇으로 채울지는 전적으로 나의 선택이다.

호기심이 관심이 되고, 관심이 열정이 되고, 열정을 현실화하고, 그 열정을 다른 사람과 나누기까지의 과정에는 많은 의심과 걱정과 망설임이 있다. 의심과 걱정과 망설임을 그대로 남겨두었더라면, 아무것도 배우지 못했을 것이다. 그렇게 긴 고민과 망설임의 시간이 있었지만, 나는 무의식중에 스스로 준비했던 것 같다. 그

탄자니아 아이들과 스탠퍼드 학생들

긴 시간 동안에도 내 마음에서 떠나지 않은 것이 있었기 때문이다. 어느 날 고개를 들어보니 낯설지만 분명 내가 조종석에 앉아 있었다. 그렇다, 나도 열정이란 게 있었다. 그것을 더 이상 감출 수 없게 된 순간, 파일럿 세계의 문을 열었다. 그 느낌은 강렬했고 무엇보다 진했다.

"What's always on my mind?(마음에서 절대로 떠나지 않는 그것은 무엇인가?)" 인생을 살면서 그것이 무엇이든 마음에서 떠나지 않는 것이 있다면 감사한 축복이다. 그것이 직업이든, 직위든, 학위든, 기술이든, 열정이든 상관없다.

무엇보다 중요한 것은 그 최종 목적지에 도착했느냐가 아니라, 죽기 전까지 내 마음에서 떠나지 않았던 그 도전을 결국 시도해보았느냐다. 열심히 했는데도 도착하지 못했다면 그건 내 탓이 아니다. 그렇게 과감하게 이야기할 수 있다. 그래서 나라면 관에 이렇게 써 붙여달라고 하겠다. "It's not my fault."

나 자신을 안다는 것

/ 나의 태도 /

Am I fit for this?

"세스나 5MK, 니미츠 고속도로를 따라 내려가다가, 경기장에서 오른쪽으로 돌아서 30번으로 향하고, 산마테오 다리 중간 지점을 향해 가세요. 고도기압은 29.91입니다."

오클랜드 공항 타워에서 보낸 교신이었다.

"5MK, 고속도로를 따라 콜로세움으로, 고도기압 29.91."

나는 중간 부분이 무슨 말인지 몰라 이렇게만 대답하고 말았다. 관제사가 바로 물었다.

"이 지역 잘 아세요?"

하늘에서 내려다본 스탠퍼드

"잘 모른다고 하는 게 맞겠네요."

관제사가 "이 지역 잘 아세요?"라고 묻는 이유는 100이면 100, 잘 모른다는 걸 솔직히 말하라는 뜻이다. 이럴 때는 '내가 또 뭔가 실수했구나' 인정하며 바른대로 대답해야 한다.

"좋아요, 오른쪽으로 90도 돈 다음, 활주로 30번까지 가세요. 그다음에 거기서 130도 돌아서 다리 중간 지점으로 갑니다."

관제사의 설명을 듣고서야 '아! 그 말이구나' 하며 이해했다. 캘리포니아 북쪽으로 비행을 갔다가 스탠퍼드대학교가 위치한 팰로앨토의 공항으로 돌아오는 날 생긴 일이었다. 오클랜드 공항을 통해 남쪽으로 내려가라고 지시를 받은 건데, 그렇게 내려가는 건 처음이었다. 주로 샌프란시스코를 통해 내려가거나 오클랜드 공항 동쪽으로 지나갔던 것이다. 오클랜드 공항 옆에 있는 니미츠 고속도로가 제2차 세계대전 때 유명했던 미 해군 장교 체스터 니미츠Chester William Nimitz의 이름을 딴 것임은 알고 있었다. 그 고속도로를 따라가면 나오는 콜로세움 경기장은 메이저리그 야구팀 오클랜드 애슬레틱스Oakland Athletics의 홈구장이라서 그 위로 지나가라는 지시도 이해했다. 하지만 듣도 보도 못한 30번을 지나가라는 말은 이해하기 어려웠다. 결국 공항 관제사가 오클랜드 공항 활주로 끝에 30이라고 크게 적혀 있는 활주로 번호 위를 지나가라고 설명해준 뒤에야 알아들을 수 있었다.

비행을 하다 보면 난감해질 때가 가끔 있다. 하나는 들어본 적 없는 생소한 말을 들었을 때, 또 하나는 짧은 순간에 너무 많은 내용을 전달받았을 때다. 하지만 나는 실수를 할지언정 스스로를 비하하지는 않는다. 그저 '앞으로 이런 것에 더 익숙해져야겠구나' 할 뿐이다.

처음 미국에 유학 왔을 때도 이런 상황을 많이 겪었다. 수업 시간은 거의 암호해독 시간 같아서, 녹음을 했다가 들어도 바로 알아듣기 힘들었다. 그나마 녹음을 하지 않으면 말이 너무 빨라서 이해할 수조차 없었다. 그렇게 집중 청강과 암호해독을 몇 시간 하고 기숙사에 돌아오면 머리가 지끈지끈거렸다. 게다가 가끔 대형 강의에서 교수님이 나를 지목해 질문할 때의 난감함은 이루 말할 수 없었다. 거의 모든 내용이 처음 듣는 것들인데, 지나가듯이 한 번 말한 내용을 어떻게 이해할 수 있을까? 영어를 처음부터 잘했거나 머리가 워낙 좋아서 한번 들으면 바로 이해하는 천재라면 모를까. 나는 영어 실력이 신통치 않은 보통의 한국 사람이었다. 그러니 원어민보다 훨씬 더 많은 시간을 들여야 했다.

미국인 학생이 한 시간 공부해서 이해하고 숙제를 할 정도면, 난 10시간을 들이기로 작정했다. 그렇게 공부하다 보니 밥 먹는 시

간, 씻는 시간, 자는 시간까지 아끼지 않을 수 없었다. 그런데 예상
치 못한 문제가 생겼다. 허리와 엉덩이가 아프고, 몸이 따라주지
않는 것이었다. 도서관에서 지구력을 발휘하려면 하루 한 시간은
꼭 땀을 흘리고 심장박동수를 엄청 늘려주는 운동을 해야 한다는
것을 깨달았다. 머리가 느린 나를 원망하기보다 몸을 단련해 머리
가 따라오게 하려 애썼다.

내가 과연 이런 공부를 하는 것이 맞는 선택일까? 공부할 머리
와 몸을 갖추고 있는가에 대한 의문은 유학 시절부터 지금까지
이어지고 있다. 박사 학위를 따고 대학에서 연구를 할 때도 그랬
다. 논문을 쓰기 시작할 초기에는 논문 하나를 학술지에 게재하
기까지 온갖 진통을 다 겪으며 '내가 해도 되는 일일까?' 고민했
다. 왜 나는 한번 읽으면 이해가 안 되는데, 다른 사람들은 쉽게
빨리 될까? 결론은 이것이다. 나는 머리가 아닌 몸으로 하는 사람
이라는 것.

———

익숙하지 않은 것을 듣고 이해하는 방법은 결국 많이 듣고 경험
해서 수많은 경우의 수를 익히는 것이다. 그러다 보면 점차 경험

한 것을 응용하게 된다. 익숙지 않은 문제도 스스로 해결할 능력을 조금씩 얻게 되고, 자신감이 점점 생기면서 그 분야에 능숙해진다. 내가 과연 이 일을 하는 것이 맞는지 여부는 시간을 충분히 들여 시도해보지 않고서는 섣불리 판단할 수 없다.

　심리학자 앤더스 에릭슨 K. Anders Ericsson도 어떤 분야에 전문성을 가지려면 약 1만 시간을 들여야 한다고 말하지 않았던가. 하루에 3시간씩 10년을 하든, 하루에 10시간씩 3년을 하든 약 1만 시간을 들여야 전문성을 갖게 된다는 말은 정확히 수치로 따질 성질이 아니다. 단 한 시간도 얼마만큼의 열정과 정성스러운 태도로 했느냐에 따라 전체 시간이 대폭 줄거나 늘어날 수 있다고 생각한다. 억지로 채운 1만 시간과 극진한 정성으로 쌓인 1,000시간은 결과가 엇비슷하다는 뜻이다.

　전에 내가 취미로 트럼펫 레슨을 받을 때 서던캘리포니아대학교 음대 교수님에게서 들은 말이 있다. 트럼펫을 불 때 숨을 크게 들이쉬고 내쉬면서 소리를 내야 한다는 것이다. 이때 그저 음표 하나의 소리를 억지로 냈는지, 아니면 자세를 잘 잡고 내 감정을 실어 부드럽게 냈는지는 단 한 음만 들어도 알 수 있다고 한다. 그 후 뭐든 배울 때면 그 교수님의 말을 곱씹었다.

　트럼펫 연주자 윈튼 마살리스 Wynton Marsalis의 말도 인상적이었다. "나의 태도가 모든 것을 말하고 나의 미래를 결정한다." 그는 트럼펫으로 9개 이상의 그래미상을, 그것도 재즈와 클래식 부문에서 한 해에 동시에 수상한 유일무이한 뮤지션이다. 그런 그가 다른 사람의 부와 천재성과 배경을 보고 부러워할 필요 없이, 자신의 태도만으로 꿈을 키워나가라고 말한다.

윈튼은 1960년대 초 미국 남부의 흑인 가정에서 태어났다. 흑인으로서 뭘 해도 쉽지 않은 시대였다. 그 무렵 흑인 민권운동이 본격적으로 불붙고, 마틴 루서 킹 Martin Luther King 목사가 "나는 꿈이 있습니다 I have a dream" 연설로 인종차별법과 격렬히 싸우기 시작했다. 흑인과 백인은 같은 버스에서 같은 자리에 앉거나 같은 식수대에서 물을 마실 수 없었고, 같은 성당에 가서도 미사 때 같은 줄에 서서 성체를 모시거나 한 교회에서 함께 앉아 찬양을 드릴 수도 없었다. '이처럼 신앙인들 사이에서조차 흑인과 백인의 순서가 다르고 우열이 갈린다면, 내가 얼마만큼 잘해야 인정받을 수 있을까? 이 사회에서 내가 꿈을 키울 수 있을까? 내가 아무리 하고 싶고 이루고 싶은 일이 있어도 과연 이런 환경에서 내가 할 수 있을까?' 이런 의문을 가졌을 법하다. 비록 처음에는 강렬한 열정과 꿈을 가졌어도 크고 작은 이유를 대며 나는 할 수 없다는 결론을 내리고 소중한 꿈을 포기한 사람도 많았을 것이다. 그러나 윈튼은 한

번뿐인 인생을 환경과 상황에 걸려 넘어지게 하지 않았다. 현재 윈 튼은 트럼펫 연주자들 사이에서 신처럼 떠받들어진다. 내한 공연 을 한 적도 있고, 어린이 음악교육에도 상당한 노력을 기울이는 예 술가다.

주변 환경이나 처한 상황에 굴하지 않고 자신의 태도만으로 밀고 나간 사람이 또 하나 있다. 가비 셜 Gabi Shull, 발레리나가 꿈인 소녀였다. 그런데 어려서부터 악성 종양으로 다리가 아프기 시작했고 결국 오른쪽 다리의 무릎을 포함한 위아래 부위를 잘라내야만 했다. 세상에 암을 극복한 것도 모자라 다리 절단이라는 고난까지 겪은 소녀가 몇이나 될까? 일상생활을 하기에도 육체적·정신적으로 힘든 상황이었을 것이다. 하지만 가비는 인공 보조 다리를 착용하고, 차가운 플라스틱 발에 발레 덧신을 신고 발레를 했다. 인공 다리를 착용하고 원활하게 움직이기 위해 본인의 자른 발목을 오른다리 대퇴부에 발끝이 뒤로 향하도록 거꾸로 접목하는 수술까지 받았다. 이런 상황에도 소녀는 전혀 굴하지 않았다. 꿈이 있다면 이루면 되는 것이다. 암에 걸려도, 다리를 잘라도, 발목을 뒤로 달아도 포기하지 않은 가비의 모습을 보면서 나는 많은 생각을 했다.

"Am I fit for this?(내가 이 일에 맞을까?)" 사람은 살면서 이런 의

문을 가질 때가 많다. 아무리 강한 열정과 꿈을 가지고 있어도 여러 가지 이유로 포기하게 된다. 나는 영어를 못해서, 나는 머리가 안 따라줘서, 나는 암기를 못해서, 나하고는 너무 거리가 멀어서, 절차가 너무 복잡해서, 나에겐 없는 게 많아서…… 꿈을 버리거나 그저 마음속에 간직하고만 있어서 불행한 인생이 된다.

그러나 "이가 없으면 잇몸으로"라는 말처럼 이해가 느리면 시간을 더 많이 들이면 되고, 암기가 힘들면 이런저런 도구와 방법을 쓰면 된다. 내가 배우고자 하는 열망과 꿈을 현실로 이루려는 태도는 오직 내 힘으로 만들 수 있다. 가보지 않은 길에 첫발을 내딛는 의지도 오로지 나의 몫이다. 자신의 부족함이나 환경, 조건을 핑계 대며 꿈을 접어버리든, 반대로 어떤 어려움 속에서도 한 걸음한 걸음 나아가고 한 음 한 음 연주하는 우직한 태도를 갖든 그것 역시 나의 선택이다. 길을 가다 보면 실수도 하고 넘어지기도 하지만, 그것을 배움의 기회로 보는 태도로 임하면 발전할 수 있다. 꿈에 한 걸음 가까워질 수 있다. 눈앞에 놓인 불편함을 친구로 삼을 수 있다면, "Am I fit for this?"라는 질문은 이미 무의미해진 것이다.

샌프란시스코에서 캘리포니아 주도인 새크라멘토로 비행을 하다 보면, 구름 밑으로 대형 풍력발전기들이 보인다. 바람이 아주 센 지역이다. 그날도 나는 계기에만 의존해서 비행하는 계기비행 훈련을 하면서 이곳을 지나가고 있었다. 중간중간 구름이 많고 바람도 심한 터뷸런스turbulence(난기류)를 계속 감당하느라, 머리가 아프고 속도 점점 안 좋아졌다. 비행기가 심하게 덜컹덜컹할 때마다 내 몸이 하늘에서 상하좌우 아무렇게나 던져지는 느낌이었다. 안전벨트를 한 번 더 확인했다. 혹시나 해서 고도를 좀 더 높였다가

운무가 덮힌 실리콘밸리 근교

낮췄다가 해보았지만 별 차이가 없었다. 터뷸런스가 엄청 센 날이었다. 그런 상황에서는 관제소에서 지시한 방향이나 고도를 이행하려고 조정 버튼을 돌리려다가도 한 번씩 덜컹할 때마다 버튼을 놓쳐 제때에 못 돌리기도 한다. 또한 돌풍_{gust wind}이 있어서 속도계가 한 번에 10노트(시속 약 20킬로미터)씩 휙휙 바뀌며 춤을 춘다. 최대한 정신을 바짝 차리고 똑바로 가기 위해 안간힘을 써도 끊임없이 오르락내리락한다.

이런 심한 터뷸런스 상황에서는 기체 손상을 막기 위해서 안전속도_{maneuvering speed}로 감속해서 비행해야 한다. 겨우 목적지 공항에 다다라 착륙 준비를 시작했다. 접근 시작 지점_{initial approach fix}으로 유도를 지시하는 관제사가 "지금 방향을 왼쪽 110도로 바꾸고 하강을 시작하십시오"라고 교신을 보내왔다. 하지만 방향을 바꾸는 것도, 부드럽게 하강하는 것도 잘 되지 않았다. 평소 고요한 바람을 타고 비행할 때나 시뮬레이터 앞에 앉아 편하게 훈련할 때와는 상황이 너무 달랐다. 현실은 이론이나 모의실험보다 혹독했다.

이런 상황에서 한동안 비행하다 보면, 속이 너무 메스껍고 평소에 외워두었던 조치 사항들도 잘 생각나지 않는다. 그나마 다행은 달도 없는 깜깜한 밤이나 세상이 온통 하얗게 보이는 구름 속이 아니라는 점이었다. 내가 지금 곤두박질치고 있는지, 옆으로 완전히 기울어져 있는지, 하늘로 솟아오르고 있어서 곧 속도를 잃고 아래로 떨어지는 실속stall이 임박한 상황인지, 오직 계기만 믿고 비행하는 상황이라면, 그때 가장 중요한 계기는 대부분 자세계attitude indicator일 것이다. 잠시 다른 것에 한눈을 파는 사이에 자세가 기울기 시작하여 자세의 한계점을 넘어가 버리면, 엄청나게 위험한 상태가 된다. 파일럿들이 계기에만 의존해 비행할 때 자세계를 가장 먼저, 그리고 자주 들여다보는 이유가 거기에 있다.

그날의 비행은 너무나도 괴로웠다. '내가 왜 오늘 비행기를 탔을까?'를 몇 번이나 생각했다. 평소 땅에 있을 때는 하늘을 보며 날고 싶어 하지만, 이럴 때는 어떡해서든지 빨리 땅에 내려가고만 싶다. 더욱이 그날 계획한 훈련을 모두 마치고 출발한 공항으로 돌아와서는 더 큰 문제가 기다리고 있었다. 출발했을 때보다도 돌풍이 심해져서 손에 땀을 쥐게 하는 상황이었다. 똑같은 속도로 지속적으로 부는 측풍crosswind은 비행기를 게처럼 옆으로 기울여서 보기에는 더 힘들어 보이지만, 돌풍보다 오히려 낫다. 돌풍은 상황이 다르다. 갑자기 바람이 거세지거나 전면에서 불던 바람이 없어지기라도 하면, 비행기는 양력을 잃고 급하강할 수 있다. 이런 돌풍은 예측과 상황 대처가 너무 어렵다. 특히 활주로에 거의 다 내려와서 그런 돌풍이 생기면 비행기가 그대로 곤두박질치는 사고가 나기도 한다. 그날은 돌풍과 측풍으로 비행기가 활주로에 다가갈 때까지 안정된 하강을 하지 못하고 활주로 중앙선과도 일치되지 않았다. 착륙을 포기하고 복행 go around (정상적인 착륙이 어려울 때 다시 상승함을 뜻하는 항공 용어)해서 다른 공항으로 갈지 말지는 어느 정도 내려가서 결정하기로 하고 마음속으로 기도를 시작했다. 천만다행으로, 활주로의 터치다운 지점에 가까워지자 측풍도 돌풍도 잠잠해져 무사히 착륙할 수 있었다. 그런 상황에서 유난히 짧은 활주로에 최적의 속도로 착륙을 시도하는 것은 절대로 쉽지 않다. 평소와 달리 등에 식은땀이 주르륵 흐를 정도였다.

비행을 마치고 집으로 오는 길에 중요한 문제들을 되새겨보니 몇 가지 반성할 점이 떠올랐다. 첫째는 오전에 줄지어 이륙하는 비행기들을 보면서 '오늘도 순조롭겠구나'라는 안일한 태도로 이륙한 점이다. 남들이 평화롭게 잘 출발한다고 나 역시 괜찮다는 보장은 없다. 그 사람들이 어디로 향할지, 언제 돌아올지 나는 모른다. 그 사람들이 지키는 원칙과 내가 가진 기준이 다를진대, 남들이 한다고 나도 한다는 생각과 자세가 얼마나 부적절한지 몸으로 직접 체험했다.

일상에서도 안전이 요구되는 일을 할 때 처음에는 '내가 잘할 수 있을까' 걱정한다. 그러나 주위에서 별일이 없으면 나도 안전할 거라는 안일한 자세가 된다. 평소에는 현명하게 잘 준비하고 대처하다가도, 군중심리에 빠지면 그저 막연하게 안심하고 따라 하는 것이다. 따라 하다가 실패하거나 위험해지면, 그 책임과 결과는 전적으로 내 몫이다. 또한 평소에는 기회가 많지 않다가 어쩌다 기회가 생기면 흔히 하는 말이 "물 들어올 때 노 저어라"라는 것이다. 하지만 오랜만에 기회가 왔다 해서 무턱대고 노를 젓다가 조건이 갑자기 바뀌면 영영 돌아오지 못할 수도 있다. 다른 사람들을 보고 바로 노를 젓기보다는 큰 그림의 변화에 맞게 계획을 세우고, 의연하게 행동하는 자세를 가져야 한다. 이번 비행은 안일해진 나의 태도를 스스로 눈치채지 못했던 것이 많이 아쉬웠다.

그날 두 번째로 떠오른 점은 내가 자세계를 얼마나 자주 제대로 확인했느냐다. 사방이 온통 구름에 뒤덮여 혼탁하고 어디가 위이고 아래인지, 내가 어느 방향으로 가는지 알 수 없을 때야말로 내 자세를 정확히 확인해야 한다. 자세가 점점 기울어지고 있는지, 거꾸로 되어 있는지 자주 확인했어야 하는데 그러지 못했다. 더욱이 비행기가 아무렇게나 마구 던져지는 터뷸런스 상황이 생기고 거기에다 또 다른 어려운 상황이 하나둘 추가되면서 악재가 동시다발적으로 발생하자 나를 똑바로 볼 여유가 사라졌다. 이런 상황에서는 인지 과부하가 생기기 마련이다. 나도 모르는 사이에 점점 기울어지는 자세를 인지하지 못하면 잘못된 방향으로 향하고, 결국 전혀 생각지도 못한 곳에 불시착할 수 있다.

───

일상에도 이런 자세계가 필요하다. 자신의 태도를 자주 돌아보고 자기성찰을 하지 않으면, 어떤 일을 시작하든 성공하기 힘들다. 우리 삶에는 비행기에 탈 때보다 훨씬 더 많은 터뷸런스가 닥치기 때문이다. '운이 좋았다'는 말을 너무 자주 하는 것은 곤란하다. 인생에서 안전을 확보하고 꿈을 이루는 일은 운이 해주는 게 아니기 때문이다. 확률적으로도 운이 항상 좋을 수는 없다. 운으로 무엇인가를 항상 100퍼센트 달성할 수는 없다는 말이다. 반드시 언제나 100퍼센트를 달성해야 하는 분야가 있는데 그중 하나가 항공 분야다. 100퍼센트 성공적으로 안전하게 착륙하려면 평소의 자세가 받쳐주어야 한다. 터뷸런스와 인지 과부하 상황에서도 유연하게 잘 대처하도록 해주는 것은 운이 아니라, 평소 훈련으로 준비된 태도다.

사람의 태도는 수학적 확률을 이긴다. 아무리 최악의 조건에서 나쁘게 시작하더라도, 소위 말하는 흙수저 태생의 잡초라도, 올바른 자세에 강한 집념을 갖고 있으면 사회적 통계를 넘어 위대해질 수 있다. 무릎에 암 덩어리가 퍼져 한 다리를 잘라낸 소녀가 훌륭한 발레리나가 되고, 청각장애가 있거나 두 발 또는 두 손이 없는 장애인조종사협회의 회원들이 나보다 훨씬 안전하게 하늘을 날아다니는 모습을 보며 그런 생각을 했다. 과연 이 세상 그 무엇이 꿈을 향해 나아가는 인간의 강한 의지를 꺾을 수 있을까?

꿈을 이룬 사람은 평소 인생에 대해, 꿈에 대해, 시작하는 일에 대해 자세와 태도가 다르다. 대중 강연에서 이런 사람들의 이야기를 하면 "과연 그렇게 할 수 있는 사람이 몇이나 되겠어?" 반문하는 이들이 많다. 하지만 누구라도 자신의 태도에 집념을 가진다면 원하는 꿈에 다가갈 수 있다. 그러려면 먼저 자신의 자세계를 확인할 일이다. "How is my attitude?(나의 자세는 어떠한가?)"

Do you know your limits?

비행기가 활주로에 들어가 막 이륙할 때 항상 외치는 말이 있다.

"엔진 출력 최대! 엔진 온도 정상! 엔진오일 기압 정상! 속도 가속 시작! 이륙!"

파일럿이라면 이륙할 때 이런 말을 크게 외치며 중요한 계기들을 체크한다. 옆에 부조종사가 함께 있을 때에는 조종사가 외칠 때마다 부조종사는 계기를 눈으로 다시 확인하고 "Check!"라고 말한다. 비행기 기종에 따라 내용이 다를 수 있지만, 매번 이륙 시 비행기 엔진에서 충분한 출력이 나오는지, 엔진 상태가 최적인지, 계기판에 보이는 엔진 출력만큼 활주로에서 이륙에 필요한 속도가 나오고 있는지, 조종간을 잡아당겨 이륙할 순간인지 아니면 엔진 출력을 바로 멈추고 급제동해서 활주로에서 이륙을 중지abort해야 할지 결정해야 한다. 만약 활주로를 반 이상 달렸을 때 엔진 출력이 모자라 이륙에 필요한 속도가 나오지 않거나 엔진에서 이상징후가 감지되는 상태에서 이륙한다면, 다시는 활주로로 돌아오지 못하는 상황이 벌어질 수 있다. 그렇기 때문에 몇 초 만에 빨리 판단하여 실행에 옮기는 연습을 해야 한다. 짐을 실은 비행기 총중량이나 활주로가 위치한 고도, 대기온도 등의 조건에 따른 제한에 맞추어 최종 결정을 내리고 적절한 대처를 해야 안전한 비행을 할 수 있다.

이렇게 기계나 환경적 조건의 제한은 훈련을 통해 작동 순서와 계기 수치를 확인하고 통제할 수 있다. 그렇지만 인간적 조건과 한계를 확인하는 데에는 일반화된 공식이 없다. 체력적 조건은 체력 검사 기준이 있지만, 심리적 악조건이나 한계 등에 대해서는 검사하기가 어렵다. 오늘 정상이라고 해서 내일도 정상일 거라는 보장이 없다. 이런 결정은 대부분 스스로 내려야 한다.

그나마 파일럿 과정에서 배우는 내용 중에 다섯 가지 중요 심리를 점검하는 부분이 있다. 충동성impulsivity, 법 기피성anti-authority,

40도의 여름날 비행을 마치고

불사조성 invulnerability, 무모한 박력성 macho, 자포자기성 regression이 그것들이다. 충동성은 충동적으로 판단해버리는 태도, 법 기피성은 정해진 법률이나 규약 등을 대수롭지 않게 여기는 태도를 말한다. 불사조성은 나에게는 그런 일이 절대 생기지 않을 거라고 생각하는 태도, 무모한 박력성은 '난 다 할 수 있어'라는 교만한 태도, 자포자기성은 '난 역시 안 돼' 또는 '아무것도 할 수 없어'라며 쉽게 포기하는 태도다. 이 중 하나만이라도 점검이 안 되어 있으면, 생명과 직결된 최악의 상황이 언제든지 벌어질 수 있다.

비행 총중량을 대충 계산하는 습관이 있는 사람이 짐을 잔뜩 싣고 그냥 이륙한다든지, 기상상태가 좋지 않은데도 '이 정도는 문제없을 거야. 난 항상 운이 좋으니까!'라고 생각한 채 이륙하면 위험해질 수 있다. '뭐 이 정도는 다들 하니까, 나만 법을 어기는 것도 아닌데 뭐' 하면서 법규를 슬쩍 위반한다든지, 비행 중 갑자기 엔진 출력에 문제가 생겨 비행기 고도가 떨어져 내려가는 상황이 발생했을 때 몸이 얼어버려서 아무런 대처를 못 하고 지레 포기한다든지 하는 태도들도 분명히 위험하다. 어떤 임계점이 오기 전까지는 예상되는 심리와 대처 방식을 미리 점검하기는 힘들 것이다. 그렇다면 본인에게 이런 태도가 있다는 것을 스스로 파악할 수 있을까?

누구나 부족함이 있고, 신체적 · 인지적 · 심리적으로 약한 부분이 있기 마련이다. 이 세상 사람들 하나하나가 서로 다른 조건으로 태어나고 완벽한 사람은 존재하지 않는다. 중요한 것은 얼마나 자신의 한계를 잘 파악하고 보완 또는 대처를 잘하는가다. 여러 부분에 걸쳐 한계가 나타나는데, 단 하나도 파악하지 못하고 있다면 얼마나 불행할까? 더구나 주위 사람들은 다 파악하고 있는데 정작 본인만 모른다면 너무나 안타까운 일이다.

———

스탠퍼드에서 만난 학부생, 대학원생 또는 자문을 구하러 찾아온 외부 스타트업 팀들을 코칭하다 보면 아주 다양한 성향의 사람들을 만나게 된다. 아직 혁신적인 솔루션도 없는데 너무 자신감에 넘치는 스타트업 젊은이들이 있다. 이들은 몇 년 안에 매출이 생겨 흑자가 되고 사업을 확장해 유니콘 기업이 될 것이라고 믿는다. 반면, 몇 번의 피칭을 통해 투자자들로부터 들은 몇 가지 부정적인 코멘트들을 끊임없이 곱씹으며 역시 자신은 스타트업 체질이 아니라며 쉽게 자포자기하는 사람도 있다. 매출 회계장부를 부풀리거나 있지도 않은 계약들을 가짜로 만들어 조작하는 팀도 있었다. 매우 명석하고 빛나는 아이디어를 넘치게 생성하는데, 팀원들 간에 문제가 생기면 다 팽개치고 바로 팀을 떠나버리는 경우도 보았다.

이미 글로벌 기업이 된 회사의 CEO나 COO, CFO 등 C레벨 임원들에게서도 다양한 태도를 엿볼 수 있었다. 자신의 한계를 정확히 파악하지 못하거나 파일럿 훈련의 다섯 가지 심리 상태 중 한 가지 이상을 갖고 있는 사람은 생존력이 그다지 길지 않았다. 간혹 바람직하지 못한 태도를 지니고도 살아남는 사람은 그의 한계를 극복하거나 완충해줄 믿음직한 동료가 있거나, 그의 문제점을 허심탄회하게 이야기해줄 조력자를 옆에 둔 경우였다.

가끔 실리콘밸리에 진출하는 한국 출신 스타트업 팀들의 피칭을 듣다 보면 자신들의 한계를 제대로 파악하고 있는지 의문이 들 때가 있다. 평소 자신들의 태도를 잘 점검하고 있는지, 실리콘밸리 생태계의 조건들을 잘 이해하고 있는지도 불확실해 보였다. 그럴 때마다 해주고 싶었던 말이 "Do you know your limits?(당신의 한계를 알고 있는가?)"였다.

어떤 팀은 자신들이 원하는 솔루션을 강조하지만 실제로 그것을 개발할 능력이 없는 팀원들로만 구성되어 있다. 또 어떤 팀은 엔지니어링 아이디어는 상당히 혁신적이지만, 시장의 니즈를 도

외시한 채 판매에 대한 자신감만 넘친다. 반면, 시장의 니즈를 정확히 파악하고 혁신적인 솔루션을 구현했는데도 몇 번의 피칭 실패 후에 "역시 쉽지 않군" 하면서 포기해버리는 팀들도 있다. '잘못된 만남'으로 이루어진 팀의 경우, 팀을 다시 재구성하면 어떨까 생각되기도 했다. 자신들의 목표와 강점, 약점에 따라 필요한 팀원들을 영입해 재도전한다면 얼마나 좋을까 안타까웠던 것이다.

캠퍼스에서 학생들이 수업의 일환으로 진행한 프로젝트를 피칭할 때나 인큐베이터에 초대되어 펀딩을 결정하는 행사에서 심사위원 자격으로 평가할 때도 그랬다. '저 팀이 자신들의 한계를 잘 돌아보고 파악하여 대처했더라면 소위 말하는 대박이 났을 텐데' 하는 경우를 많이 보았다.

학생들을 코칭할 때 보면, 좋아하는 것과 잘하는 것, 그리고 원하는 것을 잘 구분하지 못하는 경우가 있다. 부모가 원하는 것과 학생이 잘하는 것이 다를 때도 있고, 아이의 한계와 잠재력을 잘못 파악한 부모가 아이를 괴롭히는 경우도 있다. 자신이 잘하는 분야가 따로 있는데도 눈앞의 원하는 것만 좇다가 나중에 실망하는 학생도 보았다. 본인에게 필요한 것을 파악하지 못하거나, 주위의 피드백을 구하지 않고 경청도 하지 않는 경우도 있었다.

나 역시 문제가 있다. 거의 모든 일에 '잘될 거야', '쉽게 되지 않을까?' 하며 극단적인 긍정 심리에 빠진다. 주위 사람들이 "악마는 디테일 속에 숨어 있어"라고 말해주어도, "일단 시작하면 더 잘 알게 될 거야. 해나가면서 수정하면 되지 않아?"라고 한 적이 너무 많다. 추진력이 있다고도 할 수 있지만, 프로젝트가 진행되면서 좌충우돌하기 십상이다. 그래서 시작한 일들의 숫자가 완성된 일들의 숫자보다 항상 많다. 그나마 완성된 경우는 내가 못하는 디테일에 집중해준 다른 누군가가 항상 곁에 있었던 덕분이다. 팀원을 구성할 때, 나의 한계에 대해 허심탄회하게 이야기하고, 디테일을 맡아서 고민하거나 "아니요"라고 말할 사람을 꼭 뽑았다. 그런 사람들은 팀에서 극단적 긍정주의자, 디테일 무시주의자인 나의 영향력을 감쇄하는 데 꼭 필요한 존재다. 나이가 들어서야 디테일에 관심을 더 갖게 되었고, 나의 한계를 좀 더 이해하게 된 것 같다. 좀 더 어렸을 때 깨달았으면 더 좋았을 것이다. 그것 말고도 부족한 점은 너무나도 많지만 말이다.

여러 장단점의 태도를 가진 C레벨 임원도, 스타트업 팀원도, 학생도, 이제 자라나는 아이도 "Do you know your limits?" 같은 질문을 스스로에게 하면 좋겠다. 자신의 현실적인 잠재력과 한계를 확인하며, 가장 이상적인 대처법 또는 완충 방식을 충분히 질문하고 고민하는 태도를 가져야 한다는 말이다. 나 자신에게 자꾸 질문하자. 그러면서 자신의 한계를 파악하고 대처하자. 그래야 우리 인생은 난기류를 피해 나아가는 안전하고 행복한 비행이 될 수 있다. 한번 이륙한 비행기는 꼭 성공적으로 착륙해야만 하니까.

어떤 분야에 관심이 생겨 배워보고 싶기는 한데 주위의 시선과 말 때문에 결국 포기하는 경우가 있다. 스티브 잡스 Steve Jobs가 잘 다니던 대학을 갑자기 관두고 친구들과 인도 여행을 가려 했을 때도 대략 비슷한 상황이었을 것이다. 하지만 스티브는 주위 사람들의 말에 아랑곳하지 않고 인도로 떠났다. 다녀와서는 실험적 아이디어들을 실현시켜 나갔다.

남들이 다 가는 소위 '일반적' 또는 '정상적' 길을 가지 않으려 할 때 흔히 듣게 되는 말이 있다. 현실과 이상은 다르다는 것. 남들도 시도해보았지만 대부분 잘 안 되었으니 안전하게 대세를 따라가라는 것이다. 대한민국에는 자신의 꿈과 이상은 접어두고 그저 남들처럼 하면 중간은 간다는 신념이 오래전부터 존재했다. 이는 자신의 인생을 유일무이한 존재인 'The One'으로 만들기보다 그저 많은 사람들 중 하나인 n+1이 되라는 말이다.

이럴 때 우리는 다시 질문할 필요가 있다. 현재 우리가 처한 환경이나 상황이 그런 정상적인 상황인가를. 21세기에 일어난 여러 현상과 새로운 위기, 기회 등이 모두 일반적이고 정상적인가 생각해보면 전혀 그렇지 않다. 우리 일상에는 언제나 크고 작은 위기가 도사리고 있고, 사회는 항상 진화하며, 그로 인해 생각지도 못한 위기가 닥치기도 한다.

학생들을 지도하다 보면 각 개인들의 관심사와 잘하는 것, 원하는 것을 들어보고 인생 상담까지 겸할 때가 많다. 그때마다 나는 학생들에게 n+1은 절대 되지 말라고 강조한다. 많은 사람들 중에 그저 또 하나의 사람이 되면, 남들과 똑같은 길만 가게 되고 점점 나의 정체성은 사라지기 마련이다. 나만의 독창성도 없어져, 인생을 'Copy & Paste'의 연속으로 살기 일쑤다. 호기심을 계속 유지하고 새로운 것을 배우려면 멘토가 될 만한 사람을 찾거나 비슷한 생각을 가진 사람들과 어울려야 한다. 대세 위주, n+1 안전 위주의 사람들하고만 어울리면 삶에 변화도, 배움도, 리셋할 기회도 없다.

실리콘밸리에서 지내다 보면, 왜 자꾸 배우고 리셋을 해야 하는지 금방 알 수 있다. 카페에만 앉아 있어도 옆자리에서 새로운 아이디어의 스타트업 이야기를 종종 듣는다. 심지어 사우나에서도 새로운 테크놀로지 혁신에서 기회를 찾아야 한다는 조언이 들리고, 수영장 파라솔 밑에서 쉬고 있을 때도 최근에 상장한 기업이 어떤 전략으로 성장했는지가 귓속으로 파고든다. 주변 공기가 변화와 혁신 이야기, 자기역량 강화에 대한 이야기로 가득 차 있다 보니, 대세를 따라가거나 남들 하는 식으로 한다는 생각은 꿈도 꿀 수 없다.

스탠퍼드대학교를 딱 두 단어로 정리한다면 아마 다양성과 독창성일 것이다. 배움에 있어서도 새로운 분야 N을 계속 배우면 단지 $N+N=2N$이 되는 것이 아니라 $N \times N=N^2$처럼 제곱을 거듭하게 된다는 사실을 잘 모르는 젊은이들이 많다. 다양성을 적극 수용한 시각으로 세상을 보면 그만큼 연계성이 높아져 남들보다 더 독창적으로 생각하게 된다. 새로운 시각은 창의적인 사고를 낳고, 그만큼 문제 해결 능력과 응용력의 스케일 면에서 다른 사람들을 능가한다.

미래 인재의 모습을 이야기할 때 I자형, T자형, H자형 등이 종종 언급된다. I자형처럼 하나를 깊이 파서 한 분야의 전문가가 되어야 살아남는다거나, T자처럼 하나의 전문 분야를 중심으로 두루두루 넓고 얕게 알아야 한다는 주장이다. H자형처럼 전문성을 하나 더 추가하면 융합형 인재가 된다는 주장도 있다. N^2형 인재든 H형 인재든, 새로운 배움이 즐겁지 않다면 미래를 잘 대비할 수 없다. 그저 숨 쉬고 있을 뿐이다.

———

어떤 분야를 배운다고 하면 사람들은 보통 "그거 해서 뭐 해요?"라고 묻는다. "비행기 조종은 배워서 뭐 해요? 항공사 취직하게?" 이런 식이다. 직업과 취미를 꼭 따로 구분해서 보고, 하나를 배우면 그 하나만이 가능한 옵션이라고 생각한다. 물론 파일럿 훈련을 하면 항공사의 파일럿이 될 수 있다. 하지만 그게 전부는 아니다.

전문 사진작가로서 다른 사람은 찍기 힘든 각도와 시선에서 사진을 찍는 파일럿도 있고, 가르치는 은사가 있어 비행교관으로 취직해 다른 파일럿을 훈련시키는 사람도 있다. 그뿐이 아니다. 주위에 보면, 파일럿 과정을 마치고 비행기 제작사에 취직해서 테스트 파일럿 또는 비행기 제작 엔지니어링이나 디자인팀에서 일하기도 한다. 어떤 사람은 MBA를 취득하여 군사 방위 시스템 개발사에 매니저로 취직하기도 한다. 항공 관련 소프트웨어 개발사에 취직해서 항공 모니터링 시스템 또는 인공지능 관제 시스템 팀에 합류하여 미래 항공의 장을 여는 사람도 있다. 또는 민간 파일럿 단체에 일하면서 항공 관련 각종 서비스를 관리하고 민간 항공산업을 육성하는 일에 종사하는 사람도 있고, 항공 관련 법률 자문을 전문으로 하는 법조인도 있다. 어떤 파일럿은 환자 이송을 전문으로 하는 조직에서 일하고, 멸종동물 보호와 이송에 관한 비행만 전문으로 하는 파일럿도 있다. 미국에는 파일럿 고등학교도 있어서 학생들 모두 파일럿 자격증을 가지고 졸업한다. 이런 학교에서 교육을 담당하는 사람도 있고, 연방항공청이나 보잉 같은 곳에서 주관하는 우주항공 STEM 교육 과정을 연계하여 과학, 수학, 기술, 공학 교육 프로그램을 개발하고 학교에 널리 전하는 일도 한다. 결론은 파일럿 훈련을 한다고 해서 꼭 항공사 취직만이 선택지가 아니라는 것이다. 이런 많은 기회를 듣고서 "그건 특이한 경우다" 또는 "예외일 뿐이다"라고 말하는 사람도 있다. 하지만 세상의 변화는 예외적인 리더에 의해서만 이루어져 왔다.

결국 새로운 배움과 훈련이 취미가 될 수도 있고, 취미가 직업이 될 수도 있다. 직업을 취미처럼 즐기는가 하면 현재 직업이 꿈의 일환일 수도 있다. 관심을 기울이고, 배우고, 즐거워하고, 그러면서 전문성을 갖추게 되고, 평생 지루하지 않게 즐기면서 할 수 있는 일이 되기도 한다. 그 일이 궁극적으로 공동체 사회에 득이 된다면 더할 나위 없이 좋을 것이다. 예를 들면, 새를 좋아하는 젊은 이가 매일 새를 관찰하고 그것을 영상으로 만들어서 유튜브에 올린다고 해보자. 그로 인해 많은 사람들이 대한민국의 멸종위기 새들에 관심을 가지게 되고, 팔로어가 늘면서 스폰서도 생기고 그 분야에서 점점 전문가가 되어가고, 결국에는 세계적인 조류보호단체와 함께 일하고, 관련 영상은 엄청난 라이선스 계약을 통해 더욱 널리 퍼져가는 등의 일이 가능하다. 그런 일을 하는 사람이 꼭 조류학 박사학위를 받아야 하는 시대는 지났다. 만약 이 경우 새를 좋아하는 사람이 영상을 편집해서 유튜브에 공유하는 방법에 대해 '배울 생각이 전혀 없었다면' 어땠을까? 그 사람은 아직도 그저 $n+1$에 머물러 있을 것이다. 하지만 그는 다행히도 N^2의 사람이 되었다. 비슷한 예로, 몇 년 전에 초등학교 6학년 학생이 전국 드론 대회에서 최우수상을 탄 적이 있다. 그는 현재 대기업 스폰서의 도움으로 전 세계를 다니며 국제 드론 대회를 석권하고, 내로라하는 드론 관련 기술 기업들에게 자문하는 중학생이 되었다. 이런 모습에서 여러 가지를 배울 수 있다. 그저 대세를 따라 남들 다니는 학원에서 더 많은 시간을 보냈다면, 그 학생은 지금도 그저 또 하나의 n +1로 살아가고 있을 것이다.

—

한국의 명문 대학교 항공우주공학과에서 대학원 과정까지 마친 젊은이가 있다. 그는 비행기에 대한 지식이 엄청났다. 예전에 내가 파일럿 훈련을 시작한다고 말했더니, 비행기의 피토 튜브pitot tube 가 어떻게 작동하는지, 항공 속도계air speed indicator의 작동 원리는 어떠한지 등등을 설명해주어서 상당히 감명받았다. 내가 파일럿 자격증을 취득한 후에 함께 비행할 날을 잡았다. 실리콘밸리와 금문교를 한 바퀴 돌며 샌프란시스코 야경을 감상하기로 했다.

그날 나는 깜짝 놀랄 만한 사실을 알게 되었다. 그 친구는 실제로 비행기 조종간을 잡고 비행해본 적이 단 한 번도 없었다는 것이다. 하늘을 품에 안고 비행의 꿈을 실현시키는 기계적인 일, 유체역학 이론을 바탕으로 비행체를 디자인한다고 하지만, 정작 비행기를 직접 조종해서 하늘을 날아본 적은 없다니! 비행체를 직접 조종해보지 않아도 항공 분야에서 즐겁게 오랫동안 일할 수 있을지 의문이 들었다. 그 친구는 죽기 전에 파일럿이 꼭 되고 싶다고 말했다. 한동안 핀테크 관련 일을 공부하다가 지금은 자동차 인공지능 솔루션을 만드는 회사에서 일하고 있다. 내가 가끔 연락해 언제쯤 파일럿으로서 같이 비행할 수 있냐고 물어본다. 하지만 늘 일에 치여서 파일럿 과정은 꿈만 꾸고 있다는 대답이 돌아올 뿐이다.

앞의 사례들처럼 파일럿이라고 해서 모두 항공사 파일럿이 되는 건 아니며, 꼭 전문 학위를 취득해야 국제적으로 명성을 떨치는 일을 하는 것도 아니다. 명문대 항공우주공학과를 나왔다고 해서 하늘을 직접 날아보는 것도 아니다. 하지만 관심이 많을수록 좋아하게 되고, 좋아할수록 기회를 알아보고 활용할 수 있다.

N²형 인재는 다변 관점을 볼 줄 아는 사람이다. 무관해 보이는 것을 연결할 줄 아는 창의적인 사람인 것이다. 이런 사람이 위기 대처 능력도 더 뛰어나고, 변화를 감지하는 데 유리하다. 외적 변화가 나를 변화시키기 전에 내가 먼저 변화를 주도해야 한다. 그럴 수 있는 인재가 미래형 인재다. 꿈만 꾸고 있는 무엇을 아직도 시작하지 못하고 망설이고 있다면 자신에게 물어봐야 한다. "What type of talent am I?(나는 어떤 유형의 인재인가?)"

샌프란시스코 금문교

내가 가고자 하는 것

Are you at the right place?

"플랩 flaps 20. 브레이크 밟으세요. 엔진 출력 최대로! 온도 정상. 압력 정상. 최대 rpm. 브레이크를 해제합니다."

체크리스트에 따라 이륙을 시작하는 친구 파일럿과 나는 캘리포니아 빅베어 공항에서 약간 긴장했다. 그곳은 산악 지역으로 해발고도가 2,058미터이고 그날의 온도는 섭씨 27도를 웃돌아, 그 지역치고는 꽤 더운 여름 날씨였다. 비행기가 감지하는 공기밀도의 고도는 실제 바다 수면으로부터의 고도보다 훨씬 높은 거의 2,900미터였다. 친구 파일럿은 몸무게가 130킬로그램이 넘는 거

구였다. 옛날에 태어났으면 바이킹 장수쯤 했을 것이다.

항공에서는 비행기가 감지하는 고도가 제일 중요하다. 즉 공기 밀도에 기초한 고도에 따라서 이착륙에 필요한 활주로 길이가 다르고, 상승이나 순항할 때 엔진의 퍼포먼스에 큰 영향을 준다. 다행히도 그날 친구와 내가 탄 비행기는 세스나 182 기종으로 보통 훈련기로 많이 사용하는 세스나 152보다 110마력이 더 있고, 세스나 172보다는 50마력이 더 있는 기종이었다. 계산상으로는 친구와 나의 몸무게, 그리고 연료의 무게와 뒷자리의 짐을 다 합쳐도, 빅베어 공항에서 주어진 활주로 길이에 맞추어 이륙하는 데 문제가 없다.

세스나 182는 가지고 있는 마력과 활용도 면에서 파일럿들이 많이 선호하는 기종이다. 물론 이 기종이 시간당 소모하는 연료는 세스나 152나 172에 비해 훨씬 많다. 그만큼 힘이 좋고 좀 더 빠르기 때문에, 182 모델은 여러 가지 면에서 '용서'되는 부분이 많다. 반면 152 모델은 용서되는 부분이 그만큼 적어서, 계산할 때에도 더욱 신중해야 한다. 만약 세스나 152를 타고 빅베어 공항에서 똑같은 조건으로 이륙을 시도한다면 어떻게 될까? 두 사람 무게와 그날의 기온을 고려한다면, 세스나 152는 성공적으로 이륙할 수 없다. 그렇다면 세스나 152라는 비행기는 인기가 없을까? 절대 그렇지 않다. 152 기종은 파일럿 훈련을 하는 학생들이 애용하는 비행기로 인기가 많다. 산지가 아닌, 낮은 평지에서는 152 비행기로 훈련할 때 비용이 엄청나게 절약되기 때문이다. 2인승이므로 교관과 학생만 타고 적은 기름으로 훈련할 수 있다. 결론은 152는 152대로, 182는 그 특성대로 필요한 곳에서 필요한 목적을 달성하기에 좋다는 것이다. 단지 타고난 최대 역량을 발휘하는 상황이 다를 뿐이다.

　사람도 저마다 잠재력이 다르므로 그 능력이 필요한 곳도 다르다. 스탠퍼드에서 실험적 온라인 수업을 진행하면서 그런 생각을 많이 했다. 무료로 들을 수 있는 온라인 공개강좌 Massive Open Online Course: MOOC를 개설해 나이 제한, 학력 제한 없이 누구나 등록할 수 있게 한 적이 있다. 그랬더니 전 세계 170여 개 국가에서 모인 학생 수가 2만여 명이나 되었다. 놀라운 것은 파키스탄의 라호르나 탄자니아의 잔지바르, 인도 란치 등 기대하지 않았던 지역의 학생들이 꽤 많이 수강했다는 점이다. 모든 학생이 새로운 교육 환경을 디자인하고, 팀을 구성하고, 실제 프로젝트를 구상하고, 기말시험으로 발표를 하는 수업이었다. 학생들끼리 온라인상에서 서로

도와주고 힘을 합하여 새로운 혁신 학교를 디자인했다. 다른 팀의 프로젝트를 평가하고, 최종 발표까지 마치는 수업에서 6,000여 명이 성공적으로 수료했다. 중학생부터 대학 교수까지 참가자의 연령대는 다양했다. 어린 나이의 학생이 팀장을 맡고 대학 교수가 팀원으로 팀장을 도와 주어진 과제를 진행하는 모습도 아름다웠다. 당시 나는 탄자니아의 외딴 시골 마을에서 교육 프로젝트를 진행하고 있었다. 따라서 학생들과 나를 도와 수업을 진행하는 조교들과의 교신은 스마트폰 하나로 이루어졌다. 아프리카 시골 마을에도 휴대폰 신호는 잘 들어왔기에 가능했던 일이다.

파키스탄 오지의 학생이 유럽의 대학교 교수와 한 팀으로 프로젝트를 진행하면서 낸 아이디어들을 보면서, 저 아이들이 만약 실리콘밸리에 있었다면 구글이나 애플을 창업하지 않았을까 하는 생각이 들었다. 저 어린 학생은 단지 그곳에 태어났다는 이유만으로 거기서 살고 거기서 일자리를 얻어야 한다. 그가 제안하는 혁신적인 아이디어들이 그 동네에서는 그다지 의미 없을 것을 생각하니 씁쓸했다. 반대로, 실리콘밸리에서 엄청난 역량을 가지고 있는 어떤 기술 전문가가 아프리카 부룬디의 작은 마을에서 주민을 도와 3년만 산다면 얼마나 엄청난 변화를 불러일으킬까 하는 생각도 아쉽기는 마찬가지였다. 그 전문가는 실리콘밸리에 넘치도록 많은 다른 전문가들에 가려져 아무것도 아닌 사람으로 취급받고, 경쟁력 없는 자신을 비관하며 살고 있을지 모른다.

이 세상은 어떻게 보면 많은 사람들이 'wrong place'에 놓여 있는 것 같다. 본인들은 그것을 전혀 모를 수도 있다. 지금 이 순간에도 많은 사람들이 치열한 경쟁에 시달리면서 스스로를 비관하며 살아간다. 지금 당장 생각을 조금만 바꾸어 'right place'에 뛰어든다면, 자신의 뛰어난 능력을 인정받고 엄청난 역량을 발휘하며 살 수도 있다.

실리콘밸리의 비영리단체 중에는 전문 기술 소지자들이 개발도상국에서 몇 주 동안 봉사하며 기술을 가르쳐주는 프로그램을 운영하는 곳이 있다. 예를 들면, 시스코Cisco에서 일하는 서버 보안 전문가가 아프리카 콩고에 2주간 머물면서 아이들에게 코딩을 가르쳐주는 것이다. 그 사람에게는 아주 간단한 코딩이지만, 콩고 아이들에게는 엄청나게 새로운 기술일 수 있다. 그 지역을 통틀어도 시스코에서 온 전문가 수준의 지식과 능력을 가진 사람은 찾기 어려울 것이다. 이런 프로그램에 참여하는 회사들은 직원들이 개발도상국에서 세상을 다시 바라보는 경험을 하고 돌아오도록 하는 데에 큰 의미를 둔다. 그래서 직원 복지의 일환으로 금전적 · 시간적 지원을 적극 제공한다. 직원들은 휴가가 아닌, 일의 연장선에서

모바일 교육 프로젝트, 인도에서

봉사를 다녀오고, 남을 돕는 높은 가치를 실현하는 자신의 회사를 더욱 존경하게 된다. 본인들도 봉사정신을 발휘할 기회를 통해 자랑스러움을 느낀다. 'right place'를 잠시 경험하는 것만으로도 이런 효과가 있다.

오래전에 인도 시골에 있는 컴퓨터 직업학교를 방문한 적이 있다. 컴퓨터 직업학교인데 정작 컴퓨터는 없다는 사실에 충격을 받았다. 그곳 학생들은 컴퓨터를 그림으로 배우고 책을 읽으면서 공부하고 있었다. 안타까운 마음에 조금이라도 기술을 가르쳐주려고 무던히 노력했다. 그 학교를 떠날 때 학생들의 강렬한 눈빛을 보면서 '이 아이들을 전부 실리콘밸리로 데리고 갈 수 있으면 얼마나 좋을까' 생각했다. 그들이 'right place'에 있다면 엄청난 역량을 발휘할 텐데. 그들 주위에는 각자의 'right place'가 있을지 모른다고 말해주는 사람도 별로 없을 것이다.

인도 시골의 불가촉천민 아이들과 함께

우리는 살면서 때때로 "Are you at the right place?(옳은 곳에 있는가?)"라고 질문할 필요가 있다. 만약 확실한 대답을 할 수 없다면, 혹시 내게 다른 'right place'가 있는 것은 아닌지 진지하게 생각해볼 일이다. 나는 이 세상 모든 사람 하나하나에게 'right place'가 있다고 본다. 그리고 그 'right place'를 찾아야 한다고 생각한다. 어떻게 해서든지 그 'right place'를 찾아가야 한다. 너무 늦기 전에, 나중에 좀 더 일찍 그렇게 하지 못한 자신에게 미안해지기 전에.

콜롬비아 원주민 아이들 전통춤 공연

What passion of mine will help me survive in a time of crisis?

미국 와이오밍주 잭슨시에 사는 피터 로크 Peter Rork 는 은퇴할 때까지도 자신의 천직은 정형외과 의사라고 생각했다. 고통스러운 환자를 치료하는 일이야말로 의미 있는 일이라고 여겼다. 40년 넘게 의사 생활을 하는 동안 크고 작은 수술 1만 2,000건을 했는데, 그중 약 4,000건이 무릎 부상 수술이라 무릎 전문 의사로 불리기도 했다.

그런 그가 지금은 텍사스의 한 공항에서 자신의 비행기에 한 마리의 강아지라도 더 실으려고 애쓰고 있다. 강아지가 들어 있는 켄

넬kennel 여러 개를 이리저리 배치하는 동안, 또 어디로 버려질까 불안한 강아지들이 낑낑거리거나 왈왈 짖어댄다. 활주로 바닥에서 올라오는 뜨거운 열기도 유기견 수송 작전에 진심을 다하는 피터의 열정에는 못 미칠 것이다. 어려서부터 피터에게는 강아지들이 가족과 다름없었다. 이날도 강아지를 한 마리라도 더 실어 평생 가족을 만들어주려 땀 흘리고 있는 것이다. 사람에게는 그저 귀엽고 영리한 동물로 여겨질지 몰라도, 강아지들의 눈에는 인간이 자신의 생사를 결정지을 운명의 존재로 보일지 모른다.

피터는 새벽 4시부터 일어나 봉사자들과 여러 유기견 보호소에 가서 강아지들을 픽업한다. 그리고 공항으로 가서 비행기 점검을 시작으로 연료 주입, 강아지 켄넬 운반 등으로 한나절을 보낸다. 이날도 한낮의 온도는 38도를 웃돌아 피터의 목과 등은 땀범벅이 되었다. 그가 구하지 못한 개들은 며칠 내로 죽을지 모른다. 그래서 피터는 유기견들 중 E 리스트 위쪽에 올라와 있는 강아지들을 구하기 위해, 비행기의 공간과 무게에 신경을 온통 집중시킨다. E는 '안락사시키다'라는 뜻의 euthanize의 첫 글자다. 보호소에서는 넘쳐나는 유기견들을 E 리스트에 적힌 순서대로 안락사시킨다. 그는 지금 자신의 비행기가 훨씬 더 큰 수송 비행기였다면 얼마나 좋을까 생각하며, 이 슬픈 운명에 처한 아이들을 돕는 손길이 더 많아지기를 간절히 바란다.

피터는 13세 때 어머니로부터 파일럿 시계를 선물 받았다. 그 후로 조종사의 꿈을 키웠고, 16세 때 학생 경비행기 자격증을 취득했다. 그렇게 비행기는 인생 친구이자 시공간을 초월하는 평온한 휴식 장소가 되었다. 그는 은퇴 후 아내와 함께 비행하며 세상을 마음대로 돌아다니는 꿈을 꾸고 있었다. 그런데 그만 아내가 심장마비로 세상을 떠난다. 모든 것이 완벽하게 준비되어가고 있다고 생각했을 때 예기치 않은 이별이 찾아온 것이다.

피터는 갑자기 아내를 잃은 충격으로 실의에 빠져 아무것도 할 수 없었다. 앞으로 어떻게 살아야 할지 막막했다. 항상 함께했고 영원히 그럴 거라 믿었던 존재가 하루아침에 사라졌을 때 사람의 마음은 무너져내리고 만다. 그때 눈에 들어온 것이 강아지였다. 미국에서 매년 150만 마리의 개들이 안락사된다는 충격적인 사실을 알게 되었다. 그가 자라고 살던 동네에서는 개들이 가족의 사랑을 듬뿍 받았고, 간혹 길 잃은 강아지가 생겨도 보호소에서 잘 돌봐주었다. 보호소에 유기견이 넘쳐서 안락사시킨다는 것은 상상도 못한 일이다. 피터는 그 상황을 도저히 받아들일 수 없었다. 사랑하는 존재를 자연사로 잃은 것도 힘든데, 사랑으로 교감했던 존재를 일부러 죽인다는 사실이 견디기 힘들었다.

피터는 강아지들을 구할 방법이 없을까 고민하기 시작했다. 한쪽에서는 강아지 사육장에서 태어나 애완견 숍에 전시된 귀여운 강아지를 사려 하고, 다른 한쪽에서는 키우기가 힘들다는 이유로 먼 동네에 갖다 버린다. 버려진 강아지들은 자기 잘못으로 주인을 잃어버린 줄 안다고 한다. 주인을 끝없이 찾아다니다가 차에 치여 죽거나 산속에서 먹이를 찾아 헤매기도 한다. 또 다른 한쪽에는 구조된 강아지들을 가족처럼 돌봐주겠다는 사람들도 많다. 피터는 전체적으로 이해가 안 되는 애견 생태계에 대해 공부하며 심각한 문제를 깨달았다.

전 세계적으로 반려견 가족은 점점 확대되고 있다. 그런데 유기견의 숫자 또한 늘어나고 있다. 통계를 살펴보면 한 해 동안 대한민국에는 약 13만 마리의 유기견이, 미국에는 330만의 유기견이 발생한다고 한다. 어떤 보호소에서는 대략 한 달 내로 새 주인을 찾지 못하면 개들이 안락사당한다고 알려져 있다. 인간의 충동적 욕심이 빚은 어처구니없는 결과다.

일단 피터는 구조된 강아지를 평생 가족처럼 데리고 살 사람들을 찾아내고, 이들에게 강아지를 무료로 배달해주겠노라고 다짐했다. 'Dog is my co-pilot(강아지는 나의 부기장)'이라는 비영리 봉사단체를 설립하고, 보호소에 넘치는 강아지들을 입양 희망 가정

우리 집 강아지와 함께

에 신속·정확·안전하게 비행기로 이동시키는 일을 시작했다. 처음에 가지고 있던 비행기는 많은 강아지를 수송하기에 역부족이었다. 그래서 훨씬 더 큰 비행기를 장만했다. 여러 지역 봉사자들과 힘을 합쳐, 지금까지 약 1만 6,000마리 이상의 개와 고양이에게 새 가족을 찾아주었다. 그 숫자는 계속 늘고 있지만, 버려지는 숫자에 비하면 너무 적다. 그래도 매일 분주히 하늘을 날아다니는 피터에게 하루하루가 의미 있는 나날이 되었다. 이제는 행복한 일상을 다시 만들어가고 있다.

피터는 자신이 강아지를 구해준다기보다 강아지들이 자신을 구해준다고 말한다. 유기견 구조 사업이, 우울증과 함께 길고 어두운 터널을 걷는 듯했던 그를 다시 밝은 세상으로 이끌었기 때문이다. 실제로 개들은 수많은 우울증 환자들에게 새 희망을 주고, 자라나는 아이들이 밝은 정서를 갖도록 한다. 미국에서는 교도소 수감자를 대상으로 강아지 치유법을 적용해 교정 프로그램을 운영하기도 한다. 훈련된 많은 개들은 육체적·정신적 장애인의 도우미 역할도 톡톡히 해내고 있다. 다만, 특수 훈련을 받아 병상에서 환자를 오랫동안 돌본 개들도, 환자가 세상을 떠나면 보호소로 향한다는 슬픈 현실이 존재한다. 이들도 다른 개들과 함께 E 리스트에 올라간다.

스탠퍼드 내에서도 'Dog Therapy Day'를 자주 본다. 이날은 교직원들이 강아지들을 일터로 데리고 와서 함께 교감하며 위안을 얻는다. 함께 둘러앉아 개에게 어떤 도움을 받았는지 서로 공유하는 날이다. 평소에도 학교에서 산책하다 보면 개를 많이 볼 수 있다. 차에 치여서 다리가 하나 없는 강아지, 화상을 입어서 살이 반이나 타버렸지만 반려자와 즐겁게 뛰노는 강아지 등 유기견이었다가 입양된 강아지들이 흔하다. 그렇게 사람과 강아지는 서로의 부족함을 채우며 서로의 상처를 치유하고 인생을 나누는 반려자인 것이다.

피터 역시 그러했다. 만약 피터가 파일럿이 아니었거나 원래 강아지를 별로 좋아하지 않았다면, 아내를 잃고 찾아온 우울증을 어떻게 극복했을까? 피터에게는 여러모로 하늘이 엄청난 축복을 내린 것 같다. 젊어서는 사람을 치료하고, 은퇴해서는 개들을 구하고, 그러면서 평생 열정적으로 간직했던 파일럿의 꿈까지 계속 실현할 수 있다니……. 덕을 얼마나 많이 쌓았으면 그 모든 게 가능할까? 열정이야말로 사람을 살아남게 한다는 생각이 든다.

돈을 벌기 위해 살거나 살기 위해 돈을 버는 사람이 주위에 많으면 나도 모르게 그렇게 따라간다. 반면, 의미 있는 일을 하며 살거나 살기 위해 의미 있는 일을 하는 사람이 주위에 많으면, 나 역시 의미 있는 삶을 좇게 된다. 그러니 나에게 영향을 주는 지인들이 어떤 사람들인지 둘러볼 필요가 있다. 내 눈에는 지금 어떤 것이 당연하게 보이는가?

돈을 벌어야만 의미 있는 일을 할 수 있는 것이 아니다. 의미 있는 일을 열심히 잘하면, 먹고살 돈은 분명히 따라온다. 그리고 더 나은 세상을 위해 의미 있는 일을 할 때 더 배우고 싶고 더 잘하고 싶어진다. 무엇보다도 그 배움의 과정이 더 행복하다.

피터는 매번 강아지 수송을 모두 마치고, 텅 빈 비행기의 조종석에 앉아 혼자 집으로 돌아올 때 어떤 생각을 할까? 아마도 1만 6,000마리 개들의 아버지 같은 마음으로, 입양 가정에서 그들을 생의 마지막 날까지 잘 돌봐주기를 간절히 바랄 것 같다. 새로운 삶의 기회를 찾아주었다는 자부심에 보람도 클 것이다. 사람은 의미 있는 일을 할 때 가장 보람을 느끼고 또 살아 있음을 느끼기 때문이다.

우리는 살면서 갑작스러운 변화에 잘 적응하지 못할 때가 있다. 사랑하는 존재와 갑자기 헤어지거나, 오래 다니던 직장이 갑자기 문을 닫거나, 새로운 기술의 도래로 순식간에 기존 시장이 없어지거나, 예기치 못한 팬데믹 상황으로 세상이 바뀌는 때가 그렇다. 그런 변화에 맞추어 자신을 재부팅하거나 리셋하고 다시 서지 못하면, 결국 도태되거나 살아남기 힘들어진다. 그래서 미래의 중요한 역량 중 하나로 재부팅 능력이 대두되는 것이다. 그렇다면 나를 재부팅할 수 있게 하는 점프 스타트 전원은 무엇일까? 아마도 열정에 대한 사랑과 생명에 대한 존중이 아닐까? 그런 것들이 내가 가장 위태로울 때 나를 살릴 수 있다.

삶의 위기는 가장 준비되지 않았을 때, 가장 불편한 시간에 찾아온다. 어느 날 갑자기 찾아올지 모르는 위기에 대처하려면 평소 자신에게 심각하게 한번 물어보아야 한다.

"What passion of mine will help me survive in a time of crisis?(나의 어떤 열정이 내가 위기를 극복하는 데 도움을 줄까?)"

/ 올바른 위치 /

Am I at the right altitude?

"고도계를 확인하세요. 지금 당신의 고도는 2,000피트로 보입니다."

샌프란시스코 공항 관제소에서 교신이 들렸다. '왜 그러지?' 의아한 마음으로 눈앞의 아이패드 전자지도를 확인했다. 샌프란시스코 공항 영공에 세밀하게 나뉜 파란 선들을 보고 나는 소스라치게 놀랐다. 앗! 내가 지금 샌프란시스코 공항 영공을 무단 침입한건가?

수많은 비행기들이 하늘에서 자유자재로 날아가는 것 같지만,

캘리포니아 3,000미터 상공에서

그랬다가는 충돌 사고가 무수히 일어날 것이다. 그래서 날아가는 방향마다 규칙이 있다. 비행기마다 목적지 방향에 따라서 또는 비행 조건에 따라서 비행 고도가 다르다.

특히 비행 고도에 더욱 주의를 기울여야 하는 지역은 큰 공항 주변이다. 예를 들면, 샌프란시스코 공항이나 로스앤젤레스 공항 등 대형 공항은 '브라보 에어스페이스bravo airspace'로 명명된 지역이다. 공항 주변 30해리 nautical mile(55.56킬로미터에 해당함) 영공은 세밀하게 쪼개져 있고, 각 영역마다 몇 피트의 고도로 지나가야 하는지 규칙이 정해져 있다. 이 지역을 지나갈 때는 미리 공항 관제사의 허가를 받거나 정해진 고도 제한을 완전히 피해야 한다.

그날 비행은 샌프란시스코 금문교 상공을 돌아서 나파밸리로 향하는 길이었다. 관제사와 계속 교신했기에 비행은 순조로웠다.

샌프란시스코 공항을 지나갈 무렵은 항공사 비행기들이 많아 아주 혼잡한 시간이었다. 그럴 때는 공항 영공을 관통하는 허가를 받지 못할 경우가 많은데, 나 또한 그 당시 허가를 받지 못했다. 그럴 경우에는 알아서 공중을 돌면서 허락이 떨어질 때까지 기다리든지, 공항 상공의 브라보 영공을 돌아서 가든지 해야 한다. 돌아서 가려면 샌프란시스코 공항의 서북쪽 끝, 고도 2,100피트 아래로 지나가는 방법이 있다. 이 구간은 작은 직사각형 모양이었다. 그런데 그 작은 구간을 자세히 보면 더 세밀하게 나뉘어서 1,600피트 아래 고도로 지나가야 하는 마름모 모양의 작은 구간이 있었다. 그 구간을 미처 확대해 보지 못해서 무단으로 2,100피트 고도의 공항 영공을 침범한 것이었다.

실수를 인지한 순간, 바로 500피트를 급하강했지만 관제사로부터 엄청나게 혼이 났다. 그래도 무전교신으로 혼나는 걸로 끝나서 다행이었다. 연방항공청으로 전화하라고 하거나 사고로 이어졌다면 어쩔 뻔했나?

—

살다 보면 '내가 지금 여기에 있는 게 맞나?' 또는 '내가 지금 잘

가고 있나?' 하는 질문을 하게 될 때가 많다. 혹시 내가 여기, 지금 이 위치에 있는 것이 누군가에게 불편을 주거나 나에게 부적절한 곳은 아닌지 고민하게 되는 것이다.

한국에서 학창 시절을 보낼 때 그런 고민을 많이 했다. 독재정권에 대한 불만이 극에 달한 시대였다. 관공서를 가도 불합리와 비리, 불공정, 불친절 등 나의 원칙과 맞지 않는 것들이 너무 많았다. 초등학교 담임 선생님이 방과 후에 아이들을 모아놓고 비밀 과외하는 모습을 보면서 '난 뭐지?' 하는 생각을 했다. 중ㆍ고등학교 시절에는 부모님을 학교에 모시고 오지 않는다는 이유로 맞기도 했다. 촌지를 주는 부모의 학생은 맞지 않는 것을 보면서 '내가 이런 세상에 속해서 살아야 하나?' 회의가 들었다. '좀 더 바른 사회는 없을까?' 하는 생각이 꼬리를 물면서 이곳이 전부는 아니며 나에게 맞는 최적의 곳이 어딘가에 있으리라는 기대를 품었다. 그런 생각이 바깥세상으로 눈을 돌리게 했고 결국 미국까지 나를 이끌었다. 물론 처음에는 미국에서의 삶이 너무나 멀어 보였고, 두렵고 불편한 마음이 더 컸다.

다른 위치로 옮기는 데에는 부수적인 조건들이 따른다. 처음에는 매우 불편하고 적응하기 힘들 수 있다. 새로운 경험이 항상 좋고 긍정적인 것만은 아니다. 그런 점을 예상하고 꼼꼼히 검토해보아야 한다.

내가 관제사한테 엄청 혼날 것을 두려워하거나 어떤 실수로 위험에 처할 것을 걱정하는 성격이었다면 파일럿 과정을 시작하지도, 새로운 곳으로 날아가 보지도 않았을 것이다. 아마 한국에서 매 맞고 울고 현실에 투정 부리는 어른아이로 남아 있었을지 모른다.

한국에서 미국으로 오기까지, 파일럿이 되어 여기저기 마음대로 날아다니기까지, 나는 어쩌면 불편함이나 불확실함을 일부러 찾아다녔는지도 모른다. 나는 새로운 불편함을 피하기보다는 오히려 배움의 기회로 여기는 타입이었다.

세상을 다른 고도에서 바라보면, 다르게 해석되기도 한다. 비행을 하다 보면, 가끔 GPS가 없는 비행기를 탈 때도 있고, 군사훈련의 일환으로 GPS 전파방해 jamming가 있는 날도 있다. 물론 종이 지도를 항상 지니고 다니면서 그런 상황에 대처하기는 하지만, GPS 의존도가 높은 현시대에는 이런 상황이 너무 불편하다. 이 때문에 70년도 더 된 VOR VHF omnidirectional range 같은 구식 라디오 전파신호 감지장치를 이용해서 나의 위치를 찾고 비행도 해야 파일럿 시험을 통과할 수 있다.

제1, 2차 세계대전 때 공군 파일럿들이 어떻게 위치를 정확히 계산하고 파악하여 폭탄까지 투하하고 돌아왔을지 생각하면 경이

롭기만 하다. 레이더 시설을 사용하지 못하는 상황에서, 구름이라도 깔려 있으면 지형을 알아보기 힘들어진다. 달빛도 불빛도 없는 밤 비행은 어떻게 했을까? 현대의 파일럿이라면 거의 포기하고 말았을 것이다.

파일럿 교육 과정 안에는 우리 인생이나 실생활에 유익한 시각이 정말 많다는 것을 알게 되었다. 우리 삶의 방향을 말해줄 내비게이션이 없을 때, 즉 어찌해야 할지 모르거나 내가 지금 어디에 있는지 파악되지 않을 때, 어디로 가야 할지 모를 때 어떻게 해야 할까?

비행 중 위치를 파악하기 힘든 상황이 닥치면 다음의 다섯 가지 C를 실행하라고 배웠다.

Climb, 높은 데로 올라가라. 고도를 높여 올라가면 위치 파악이 더 용이하다.

Circle, 주변을 빙글빙글 돌아라. 무엇이 있는지 파악할 수 있다.

Conserve, 아껴라. 최대한 저속으로 비행하며 연료를 아껴야 다음을 대비할 수 있다.

Communicate, 소통하라. 무전을 통해 관제사 및 주위 파일럿에게 도움을 청해야 한다.

Confess, 고백하라. 연결되는 관제사에게 상황을 솔직히 설명하면 도움을 받을 수 있다.

위치 파악이 안 될 때는 조금 올라가서 보면 더 멀리 보이고, 교신도 잘 될 확률이 높다. 낮은 곳에 있으면 주변의 가까운 산이나 지형으로 인해 무전기 전파가 차단될 수 있다. 즉 고도를 높이면 상황이 좋아질 가능성도 높아진다.

이 같은 5C 원칙은 일상뿐 아니라, 새로운 솔루션을 개발하거나 스타트업을 할 때에도 응용할 수 있다.

첫째, 올라가기. 스타트업들은 자신들의 아이디어가 혁신적이라고 생각하는 경우가 많다. 하지만 여러 피칭을 듣다 보면 비슷한 아이디어를 자주 듣게 된다. 우물 안 개구리처럼 자신들의 아이디어에 취해서 스스로가 우물 안에 있다는 것조차 인식하지 못한다. 우물에서 올라가야, 자기 아이디어가 다른 스타트업의 그것과 어떻게 다른지 혹은 비슷한지 알 수 있다. 남들은 어떻게 마케팅하고 니즈를 어떻게 충족하는지 알아야 하는데, 답답하게도 깊은 우물 저 아래에서 헤어나지 못하는 스타트업들이 많다.

둘째, 계속 움직이기. 실리콘밸리의 스타트업들은 조금 덜한데, 다른 곳에서 생성된 스타트업들은 정보 공유를 하지 않는 경향이 있다. 성공적으로 투자를 받고 주위에서 도움을 받는 스타트업들은 대부분 자신들의 문제를 공유하고, 솔루션에 대해서도 널리 알리고 다닌다. 마치 대학교 연구실 같은 분위기다. 최근 연구를 발표하고 공유하고 새로운 피드백으로 연구를 더욱 발전시키는 모습이 그렇다. 이렇게 정보 교환을 활발히 하면, 그만큼 발전된 아이디어가 많이 나오고 돕겠다고 나서는 이들도 많아진다. 열심히 발품을 팔고 사람들을 많이 만나고 진정한 협력을 청할수록 마케팅이 되고 투자자도 생겨난다. 반대로, 움직이지 않는 아이디어는 곧 부패하게 된다. 마치 고인 물이 썩는 것과 같다. 내가 공유한 정보를 가지고 남들이 쉽게 나의 경쟁자가 된다면, 접근이 너무 쉬운 솔루션이라는 뜻이다. 그것만으로도 그 회사는 경쟁력을 상실한다. 내가 무엇을 하는지 당당히 공유하고, 공유한 정보의 3년 앞을 바라보며 솔루션을 갈고닦은 상태라야 살아남을 수 있다. 매년 구글이 공유하는 신기술 버전 1.0을 보고 놀랄 때가 많다. 그런데 그런 기업은 3년 후 기술, 또는 버전 3.0을 이미 연구하고 있다고 보면 된다. 만일 어떤 회사가 널리 공유한 기술이 가장 최신 버전이라면, 그 회사의 경쟁력은 보나 마나다.

셋째, 아끼기. 이것은 누구나 쉽게 공감할 수 있을 것이다. 회사가 린 스타트업 lean startup (소비자의 기본 요구에 맞도록 불필요한 프로세스를 줄이고 저비용으로 빨리 최소 제품을 출시하는 방식으로, 보통 제대로 투자를 받기 전에 긴축재정으로 시도한다)을 하는 이유는 비행기가 이륙을 위해 긴 활주로를 확보하는 것과 같다. 비행기의 연소율 burning rate 이 높으면 똑같은 길이의 활주로도 짧게 느껴진다. 회사도 지출률이 높으면 성장하기 힘들다. 그렇다고 필요한 재원을 제때에 공급하지 않으면 바로 불시착할 수 있다. 처음부터 멋진 사무실을 얻어서 프런트를 화려하게 꾸미고 멋진 비서를 두는 회사, 즉 외형적인 것에 치중하는 회사치고 제대로 이륙하는 경우를 보지 못했다. 특히 경영자가 음주가무 관습을 필수요건으로 하는 회사는 절대 잘될 수 없다. 그럴 자금이 있으면 팀원들 가족을 챙겨주며 주위를 잘 살피는 회사가 훨씬 성공 기회가 많다. 결국 회사는 사람들이 모인 곳이다. 사람들에게서 혁신을 찾아야 어려움을 극복하고 성공에 다가가며 회사를 유지할 수 있다.

넷째, 소통하기. 이는 너무나 자명하다. 계기비행을 할 때는 비행기가 한 위치에서 다른 위치로 이동할 때 항상 관제이관 hand off 을 하게 되어 있다. 간단하게 샌프란시스코 공항에서 로스앤젤레스 공항까지 날아가는 길만 해도 공항 유도로에서 활주로, 그리고 공항을 벗어나 출발점 departure 에서 오클랜드 센터, 서던 캘리포니아 센터, 로스앤젤레스 공항 어프로치 approach, 그리고 끝으로 로스앤젤레스 공항까지, 교신해야 하는 상대가 여럿이다. 곳곳마다 교신을 통해 넘겨받아야만 비행기가 안전하게 목적지까지 갈 수 있다.

두 명이 함께 비행할 경우에도 서로 조종간을 넘길 때 파일럿이 "당신이 조종간을 잡고 있어요"라고 말한다. 그러면 코파일럿co-pilot이 "네, 내가 조종간을 잡고 있어요"라고 답하면서 조종간을 넘겨받는다. 그러면 파일럿이 "당신이 이제 조종간을 잡고 있어요"라고 확인하게 되어 있다. 이렇게 주고받고 확인하는 절차를 생략하면 추측이 추측을 낳는다. 확인 없는 추측에 의지해 운항하면 실수나 때로는 큰 사고가 발생할 수 있다.

많은 이들이 언어소통에 관심을 갖는다. 내 의사가 잘 전달되었는지, 혹시 내가 잘 이해했는지 한 번이라도 질문해서 확인하면 오해도, 실수도, 사고도 미연에 방지할 수 있다. 우리 일상에서는 추측에 따라 잘못된 정보를 계속 믿고 실행에 옮기는 경우가 너무 많다. 특히 대면 회의 없이 짧은 이메일이나 문자로만 소통할 때가 그렇다. 내가 읽고 싶은 대로 읽고 이해하며, 상대의 의도와 달리 멋대로 해석하는 경우가 종종 있다. 이런 심리를 확증편향confirmation bias이라고 한다. 처음에 맞다고 생각하면 계속해서 그것과 일치되는 쪽으로 생각하고 제대로 확인했다고 착각하는 것이다. 비행 중에 이런 상태에 빠지면, 계기의 수치나 반대되는 증거를 건성으로 보게 되는 무서운 결과를 낳는다. 중요한 일일수록 '혹시 내가 틀리지 않았을까?' 하며, 구성적 회의론constructive skepticism을 따를 필요가 있다. 스타트업처럼 새로운 출발을 할 때, 처음부터 굉장히 긍정적인 기대를 가지고 일을 벌이다가 안타깝게도 확증편향에 빠져버리는 대표들을 너무 자주 본다.

다섯째, 고백하기. 90퍼센트 이상의 스타트업 대표들은 고백을 하지 않는다. 예를 들면, 투자자를 찾아달라고 부탁할 때, 솔루션이나 앞으로 있을 수익 구조나 그 예측에 대해, 또는 지금 인지하고 있는 어려움이나 문제점 등에 대해 사실대로 고백하는 대표를 만나기 힘들다. 대부분 모든 것을 아름다운 색깔로 도배하여 설명하고 보여주려고 한다. 물론 본인이 생각하는 혁신과 앞으로 창출될 수익을 긍정적으로 생각하는 것이 당연하다. 하지만 자문을 받는 입장에서 회사의 창업 이유와 혁신적인 서비스에 대해 장밋빛 이야기만 늘어놓다 보면, 진정으로 필요한 핵심 자문의 기회를 놓치고 만다. 나는 투자자를 찾아줄 때도, 자문을 할 때도 대화를 하면서 꼬치꼬치 묻는 성격이다. 그렇게 질문을 많이 하다 보면, 내가 자신의 회사나 대표 자신에 대해 부정적인지 되묻는 경우도 있다. 하지만 내가 그렇게 질문하는 이유는 그들이 대답을 마련하며 준비를 제대로 해나가기를 바라기 때문이다. 만약 스타트업 팀들이 꼭 풀어야 할 숙제나 혁신적인 솔루션으로 거듭나는 데 부족한 것들을 고백했다면, 시간을 훨씬 효과적으로 활용하면서 좀 더 철저한 준비를 함께할 수 있었을 것이다.

요컨대 내가 올바른 위치에 있는지 확신이 없다면, 좀 더 시야를 높여보고, 더 많은 사람과 아이디어를 공유해야 한다. 정확한 의견 전달과 확인을 통해 방향과 과정을 제대로 설정하고, 필요한 부분에 대해 허심탄회하게 대화하고 도움을 받아서 실행한다면, 성공률을 더 높일 수 있을 것이다.

스타트업을 예로 들었지만, 인생의 다른 분야에서도 그다지 다를 것 같지 않다. 사람은 실수를 하기 마련이고, 가끔 길을 잃을 때도 있다. 그런 것들이 두려워서 새로운 길을 떠나지 못한다는 것은 안타까운 일이다. 그럴 때는 두려움과 불편함을 새로운 배움의 기회로 생각하고 과감하게 떠날 필요가 있다. 그리고 인생의 길을 가다가 위치를 파악하기 어렵다면, 또는 내가 지금 가는 방향이 맞는 건지 혼동된다면, 과연 내가 올바른 고도에서 나를 바라보고 있는지 생각해볼 필요가 있다. 그리고 5C를 실행해보자. 오늘도 한번 자신에게 물어볼 필요가 있다. "Am I at the right altitude?(나는 올바른 고도에 있는가?)"

What do you really value the most?

가까운 사람들끼리도 잘 하지 않는 질문이 있다. '삶에서 무엇이 중요한가?' 이 질문에 대한 답에 따라 우리 삶의 방향과 방식이 결정된다. 내 삶을 주도적으로 이끌어나갈지, 주위 시선에 따라 삶이 이끌려갈지도 극명하게 갈린다. 무엇에 가치를 두고 살지, 어떻게 행복을 찾을지에 다들 관심이 많다. 더욱이 이 부분은 아무리 생각과 말로 가치의 중요성을 따진다 해도, 실제 행동과 삶에서 보여주지 않는다면 아무런 의미가 없다.

얼마 전, 비행훈련을 하려고 공항에 들어가려는데, 토니라는 백인 친구가 공항에서 나오고 있었다. 이 친구는 자신의 비행기를 소유하고 있다. 시러스Cirrus SR22라는 기종으로, 많은 사람들이 선호하는 인기 기종 중 하나다. 훈련기의 대명사인 세스나 172보다 가격도 더 비싸다. 이 친구는 어려서부터 하늘을 나는 것이 꿈이었다고 한다. 그래서인지 공항에서 자주 보게 된다. 비행을 할 수 없었다면 과연 견딜 수 있었을까 싶은 사람이다.

교관들 말에 따르면 토니는 파일럿 시험에 여러 번 낙방했다고 한다. 덕분에 자격증을 취득할 당시, 비행시간이 보통 사람들의 세 배 이상이었다. 자격증 취득이 왜 그리 오래 걸렸는지, 시험은 왜 그렇게 여러 번 떨어졌는지 모르지만, 파일럿이 되고 싶은 열정만은 알 수 있었다. 요즘은 파일럿 훈련교관 자격을 따서 학생들을 가르치려는 열망으로 가득 차 있다. 아무리 실패해도 본인만 포기하지 않으면 머지않아 학생들을 가르치게 될 것이다.

토니가 비행하러 올 때의 모습은 조금 특이하다. 어깨에 멘 배낭에는 보통 파일럿들처럼 헤드셋 등 비행 관련 물품들로 가득 차 있지만, 손에 항상 들고 다니는 플라스틱 바구니에는 여러 전기 장비가 들어 있다. 왜 그런 걸 가지고 다니느냐고 물어봤더니, 아주 비싼 거라서 차에 두기 불안하다는 답이 돌아왔다. 여기저기서 전기 관련 일을 의뢰하는 연락이 오면 장비를 들고 달려가 일하는 모양

골동품 비행기로 장거리 훈련 중

이었다.

　이 친구의 또 다른 직업은 청소부였다. 밤과 주말에 빌딩에서 사무실 청소를 하는데, 수입이 상당하다고 했다. 그래서 그의 차 안에는 각종 청소 장비가 가득 차 있다. 비행기는 꿈과 행복을 주는 소중한 존재라서 엄청 관리하지만, 자동차는 단지 돈벌이용 도구로 보였다. 일이 없을 때면 거의 공항으로 출근하는 듯했다.

—

　나는 아직 토니처럼 비행기를 소유하고 있지 않지만, 자동차는 있다. 나와 오랜 시간 함께하며 에피소드도 꽤 만들어낸 차다. 어느 화창한 날, 사람들과 미팅을 마치고 내 차가 있는 쪽으로 걸어

갈 때였다. "차 좀 바꾸세요!"라는 말이 등 뒤에서 크게 들렸다. 돌아보니 사람 좋은 웃음을 한가득 머금은 오랜 친구가 양손을 흔들며 주차장이 떠나가라 외치고 있었다. 나는 웃으면서 "싫은데요!"라고 말한 후 자동차 시동을 걸었다. 경적을 두 번 울려주고, 아직 끄떡없다는 듯 유유히 주차장을 떠났다. 멀리서 "운전 조심하세요!"라는 목소리가 들려왔다.

그 친구는 참 좋은 사람이다. 말 그대로 법 없이도 살 수 있을 만한 선한 친구다. 그런데 왜 나에게 차를 바꾸라고 말했을까? 어떻게 들으면 상대방에게 실례가 될 수도 있는데 말이다. 하지만 그가 나에게 차를 좀 바꾸라고 한 데는 아무런 악의가 없음을 나는 잘 안다. 그래서 기분 좋게 웃으며 오히려 그 친구를 놀리듯이 "싫은데요"라고 말할 수 있었던 것이다.

한참 뒤, 나는 오래된 그 차를 몰고 캘리포니아의 멋진 도시 하프문베이에 있는 리츠칼튼 호텔로 향했다. 전망 좋기로 유명한 그 호텔은 태평양이 시원하게 보이고, 양옆으로는 멋진 골프장이 있어 특별함을 더한다. 다행히 약속 시간에는 늦지 않았지만 야외에 주차할 곳을 찾기가 어려워 호텔 입구에 차를 세웠다. 덩치 큰 호텔 벨맨이 다가와 차 키를 받아들었다. 그런데 그는 잠시 머뭇거리는 듯하더니 갑자기 얼굴이 빨갛게 달아올랐다. 내 차는 차 키에 달린 리모컨으로 문을 여는 보통 차와 달리, 열쇠를 넣고 돌려서 여닫는 구식이었던 것이다. 그 젊은 벨맨은 차에 타서도 이렇게 '클래식한' 수동 자동차는 처음 보는지 눈이 휘둥그레져서, 창문을 내리는 회전식 손잡이를 열심히 돌려 창문을 조금 내렸다. 수동식 기어도 낯설었는지, 여전히 붉은 얼굴로 엔진 공회전을 심하게 몇 번 하더니 가까스로 차를 지하 주차장으로 몰고 갔다. 아마도 이 고급 호텔 벨맨에게 내 자동차는 가장 특별하고 인상적인 차였을 것이다.

내 차는 마일리지가 이미 40만 킬로미터에 육박한다. 하지만 오늘까지 큰 고장 없이 잘 달려주고 있다. 엔진오일을 제때 잘 갈아주어서인지, 가다가 서거나 하는 중대한 문제도 한번 없었다. 나는 오랜 세월을 아무런 문제 없이 함께한 이 자동차에 정이 참 많이 들었다. 국민 자동차답게 경제적이고 튼튼한 아주 고마운 차다. 가끔 리츠칼튼 호텔 에피소드 같은 일을 겪을 때마다 재미있는 경험까지 덤으로 얻는다.

그날 호텔에 먼저 와서 기다리던 지인은 무척 고급스러운 식사를 대접해주었다. 내가 비행 공부 중이라고 이야기했더니, 매우 흥미로운 얼굴로 내게 물었다.

"파일럿 하려면 돈이 엄청 들지 않나요? 저도 너무 하고 싶은

데, 부자가 아니라서 엄두가 나지 않네요."

그래서 나는 이렇게 대답했다.

"요즘 기름값이 떨어져서 작은 비행기 기름값이 한 시간 날아가는 데 한 3만 원 들지요. 비행기는 보통 렌트를 해서 타는데 매주 한두 시간씩 탄다고 해도 지금 타시는 승용차 한 달 유지비보다 훨씬 저렴할 듯싶네요. 정말 원하시면 같이 한번 배워보실래요?"

나는 원한다면 당장, 지금 타는 차는 팔아버리고 나랑 비행할 비행기부터 장만하시라고 할 참이었다. 그러자 그분이 약간 멋쩍어하며 말했다.

"아이고, 교수님, 그래도 자동차하고 비행기하고 같나요. 차는 좋은 걸 타야죠. 저는 사업하는 사람이라 만나는 사람이 많고 제 위치도 있고 해서요. 비행기는 나중에 제가 실리콘밸리에서 제2의 마크 저커버그Mark Zuckerberg 정도 되면 꼭 배워보고 싶네요. 교수님, 그때 꼭 저랑 같이 비행해주셔야 합니다. 저 가르쳐주신다고 말씀하신 것 잊어버리시면 안 돼요!"

그 이야기를 들으면서 이분이 진심으로 비행에 관심이 있고 새로운 것을 배우고 싶어 하는 열망을 갖고 있음을 느꼈다. 그렇지만 그분 마음속에 있는 숨은 열정보다 현실 생활 속에서 남들의 눈에 보이고 판단되는 가치들이 더 높은 우선순위를 차지하고 있다는 것 또한 알 수 있었다. 무엇을 중요시할지는 개인의 가치 문제다. 마찬가지로, 지금 무엇을 해야 하고 나중에 해도 되는 것은 무엇인지 판단하는 것도 자신이 추구하는 가치에 달려 있다.

자동차와 연관된 또 하나의 예가 있다. 스탠퍼드 공대의 데이비드 체리턴 David Cheriton 교수는 구글이 초기 스타트업일 때 투자를 한 분이다. 당시에는 야후 Yahoo 라는 강력한 검색엔진이 전 세계에 날개를 펼치고 있었고, 경쟁사도 라이코스 Lycos, 익사이트 Excite 등 여러 개가 있었다. 스탠퍼드 학생이었던 래리 페이지 Larry Page 와 세르게이 브린 Sergey Brin 은 학교 프로젝트 결과물이었던 검색엔진을 가지고 스타트업 아이디어로 선을 보였다. 기존 검색엔진의 투자자들을 찾아갔지만, 그들은 투자는커녕 그냥 자신들이 투자한 기존 검색엔진 회사에 들어와서 함께 일하면 어떻겠느냐고 제안했다. 래리와 세르게이는 상당히 기가 죽었다. 물론 그 당시 투자하지 않았던 이들은 나중에 땅을 치며 후회했을 것이다. 기존의 검색엔진 회사는 아무도 기억하지 못하는 무대 뒤로 퇴장해버렸으니 말이다.

어쨌거나 그렇게 여러 번 투자를 거절당한 두 학생은 당시 스탠퍼드 박사과정 학생이었고 나중에 선마이크로시스템스 Sun Microsystems 를 창업한 앤디 벡톨샤임 Andy Bechtolsheim 으로부터 초기 투자금 1억 원을 극적으로 받게 된다. 그때는 구글이라는 회사도 아직 설립되지 않은 상태였기 때문에 앤디가 지분을 어떻게 받을지도 서류상으로 제대로 확정되지 않았다. 그는 그저 이 두 학생의 열정만 믿고 밀어주기로 한 것이다.

이때부터 래리와 세르게이의 미래는 밝아지기 시작했다. 두 사람은 초기 투자금을 바탕으로 새로운 투자자들을 만난다. 그때 투자한 사람들 가운데 스탠퍼드 공대에 재직 중인 데이비드 체리턴 교수가 이들의 큰 은인이 되었다. 세월이 흘러 구글은 전 세계 검색엔진의 신으로 격상되었다. 구글에 투자한 사람들의 자산이 엄청나게 증가했음은 말할 것도 없다. 데이비드 교수의 총자산 가치만 봐도 홀로 12조 원에 이른다. 물론 2004년에 페이스북을 시작한 마크 저커버그의 자산 가치 125조에는 크게 못 미치지만, 억만장자 교수임에는 틀림없다.

이런 데이비드 교수의 자동차와 집은 과연 어떨까? 그는 가족이 편하게 탈 수 있는 패밀리 미니밴을 타고 다닌다. 수많은 방과 화장실이 딸린 대형 집을 소유한 사람들을 보고는 "그들은 뭔가 잘못되었다"라고 말한 적도 있다. 이 교수는 사치스럽게 사느니, 그 돈으로 모교에 기부금을 내고 연구기관들을 돕는 데 쓰며 살겠다고 선언했다. 스탠포드 공대 교수들 중에 데이비드 같은 이가 독보적인 존재일까? 전혀 그렇지 않다. 그런 사람들이 상당히 많다. 학교에서 보면, 같이 수련회를 가도, 노상 카페에서 같이 점심을 먹어도, 누가 억만장자인지 생각조차 하지 않는다. 대부분 모두 평범해 보이고 그렇게 살기 때문이다. 그 사람 집을 가봐도, 몰고 다니는 차를 보아도, 잘 알 수 없을 때가 많다. 자기 자산에 대한 이야기조차 하지 않기 때문이다. 각자 자기 일에 열정을 가지고 바쁘게 일하고 있을 뿐이다. 엄청난 자산을 보유했다가도 투자를 잘못해서, 또는 상황이 계속 안 좋다 보면 자산을 다 잃을 수도 있다. 그렇다고 해서 누워서 끙끙거릴 사람들도 아니다. 자산의 99.99퍼센트를 기부하는 사람들도 있다. 얼마나 멋진 인생인가? 특히 자녀에게 상속하는 것은 생각조차 하지 않는 사람들을 흔히 본다. 그중 유명한 사람은 역시 척 피니 Chuck Feeney 다. 그는 전 세계 공항마다 있는 DFS 그룹 Duty Free Shoppers Group 의 창업자다. 일생 동안 약 8조 이상을 기부하면서도 정작 본인은 월세 아파트에서 자동차 한 대도 없이 검소한 생활을 하는 사람으로 잘 알려져 있다. 이들 모두 가진 돈의 많고 적음을 떠나 저세상으로 갈 때는 단돈 10원도 가지고 가지 못한다는 것을 이미 잘 알고 있는 듯하다.

사람마다 어디에 가치를 두느냐는 천차만별이다. 보는 시선에 따라서는 돈이 있으면서 궁상맞게 산다거나 바보같이 산다고 말할지도 모른다. 하지만 꿈과 이상을 향해 도전하며 살거나 선한 일에 열정을 두고 사는 사람을 보면, 나는 귀한 신념을 가지고 살아가는 모습이 아름답게만 느껴진다. 나 역시 그런 내적인 것을 볼 줄 아는 사람들과 어울리고자 한다.

이렇듯 진정한 가치를 추구하는 분을 가까이에서 만난 경험이 있다. 강아지 사료를 사러 대형 마트에 갔을 때다. 나이 든 여자 분이 바닥에 무릎을 꿇고 강아지 오물을 걸레로 열심히 닦고 있었다. 속으로 '연세도 많으신데 강아지 배변 훈련하기 힘드시겠네!' 생각했는데, 가만 보니 마트에서 제공하는 강아지 훈련 프로그램의 자원봉사자였다. 아직 대소변을 못 가리는 강아지 여러 마리가 돌아가며 주위를 어지럽히고 있는 것이 보였다. 그런데 그 자원봉사자 얼굴이 낯익어서 좀 더 가까이 다가가 살펴보니, 아뿔사! 우리 스탠퍼드대학교 부총장님이었다. 학교에서 자주 회의를 같이 해서 잘 아는 분이었는데, 내 눈을 의심하지 않을 수 없었다. 그분 포스가 엄청나서, 회의나 큰 행사 때에도 그분 주변에는 범접하기가 힘들었다. 그렇기에 사람 많은 마트에서 무릎을 꿇고 강아지 변을 치우는 모습이 신선한 충격으로 다가왔다. 나중에 알고 보니, 그분은 유기견 보호 · 치료 · 훈련 등 기회만 있으면 달려가 봉사할 만큼 강아지 사랑이 지극했다. 그는 봉사의 기회를 소중히 여기고 그

시간에 큰 행복을 느끼는 것 같았다. 유럽 대통령들이 스탠퍼드를 방문할 때도 대수롭지 않다는 듯 꼿꼿이 서서 악수 한번 해주고 유유히 자리를 뜨던 모습과는 너무 대조되는 모습이었다. 이루고 싶은 꿈이나 중요하게 여기는 가치를 인생의 중심에 놓고 다른 것들에는 그다지 연연하지 않는 모습, 특히 남의 시선을 신경 쓰지 않는 자세와 용기 또한 진정한 아름다움으로 느껴진다.

살다 보면 외형적인 것에 가치를 두고 내면적인 것에는 소홀해질 때가 많다. 당장 눈앞에 닥친 일이나 생계 또는 책임감 때문에, 정말로 이루고 싶은 꿈이나 가치 있는 일을 미루기도 한다. 하지만 그것을 미루는 진정한 이유는 자신이 정말 가치를 두는 일이 무엇인지 혼동하고 있거나 잘 몰라서일 수도 있다. 또 어쩌면 말로만 그것이 중요하다고 입버릇처럼 얘기하고 있는 것인지도 모른다. 혹은 꿈을 매일매일 생각하지만 다른 사람 눈치를 보고 주위를 신경 쓰다 보면 발을 떼기가 힘들어지기도 한다. 그래서 인생의 갈림길에 설 때면 이런 질문을 자신에게 진지하게 해볼 필요가 있다. "What do you really value the most?(진정으로 가장 중요하게 여기는 가치는 무엇인가?)" 그 가치가 단지 재산 불리기가 아니길 바란다.

What makes you feel proud?

2020년 8월, 코로나 팬데믹으로 전 세계 사람들이 외출을 자제하고 재택근무를 하고 있을 때였다. 실리콘밸리 산호세의 리드힐뷰 공항에서는 대형 헬리콥터들이 물과 섞인 소화약제를 가득 싣고 분주하게 인근 지역 산으로 날아가고 있었다. 8월 18일부터 산타클라라 지역에서 대형 산불이 발생했기 때문이다. 유난히 덥고 건조한 기후 탓에 산불이 나기 쉬운 시기였다. 이 산불은 캘리포니아 역사상 두 번째로 큰 규모로 알려졌다. 몇 주간 계속된 대형 산불은 인근 지역으로 퍼져나가 실리콘밸리의 하늘을 연기로 가

득 채웠다. 그로 인해 도시 전체가 한낮에도 진한 주황색으로 가득
차, 영화에나 나올 법한 지구 종말의 분위기를 자아냈다. 공기 질
이 매우 나빠져서 위험 수준의 경고가 계속 나왔고, 창문을 열면
잿가루가 들어와 창문조차 열 수 없었다.

여의도 면적의 약 500배에 달하는 엄청난 규모의 산불과 사투
를 벌이기 위해, 여러 헬리콥터들이 산호세 리드힐뷰 공항 상공으
로 몰렸다. 공항에 미리 설치된 대형 탱크들에는 소화약제가 가득
담겨져 헬기들을 기다리고 있었다. 공항에 도착한 헬기들은 저장
탱크에서 소화액을 펌프로 끌어올려 채운 후, 산불 현장으로 이동
해 열심히 뿌려댔지만 워낙 큰 규모의 산불이라 역부족이었다. 산
속의 풀과 나무들은 바싹 말라 있었고, 바람의 방향이 이리저리 바
뀔 때마다 치솟는 불길이 사방팔방으로 퍼져갔다. 산속의 주민들
은 도로로 대피할 수 없어서 긴급출동한 헬리콥터들이 대피시켜
야 했다. 사람들은 가까스로 화마를 피했지만, 산속의 건축물들과
함께 방대한 규모의 숲과 그 안에 살던 동물들은 새까맣게 타들어
갔다. 너무나 큰 화재라 진압이 좀처럼 진척되지 않았다.

힘이 달려 패전의 기색이 역력한 현장에 치누크CH-47D라 불리
는, 프로펠러 두 개짜리 대형 헬리콥터가 슈퍼맨처럼 나타났다. 한
번에 8톤의 소화약제를 실어 나를 수 있는 헬리콥터로, 일반 화재

현장에서는 자주 보기 힘든 기종이다. 이 헬기가 리드힐뷰 공항에서 보란 듯이 한 번에 엄청난 양의 소화약제를 가득 싣고 바로 산불 현장으로 향했다. 치누크 헬리콥터는 장갑차나 대포도 가볍게 들 수 있는 하늘의 탱크다. 따라서 작은 헬리콥터가 뿌릴 수 있는 양과 비교할 때 엄청난 양의 물을 집중적으로, 그것도 정확히 조준해서 떨어트릴 수 있었다. 이렇게 수십 일 동안 아침부터 다음 날 새벽까지 계속되는 이 사투의 비행에 참여한 대형 치누크 헬리콥터의 부기장은 놀랍게도 19세 소녀 애슐리 블레인 Ashli Blain이었다.

애슐리는 몬태나주에서 가장 큰 도시인 인구 18만 명의 빌링스 출신이다. 캘리포니아 산불 진화 작전에 투입되느라, 그해 등록한 로키마운틴칼리지 Rocky Mountain College의 회계학과 신입생 오리엔테이션까지 빼먹었다. 13세 때부터 아빠와 삼촌의 어깨 너머로 비행을 배웠고, 현재는 비행기와 헬리콥터 시계비행 및 계기비행 교관 CFI/CFII 자격증까지 소지한 상태다. 블랙호크 헬리콥터와 쌍발 제트엔진 비행기인 사이테이션 525 비행기 자격증도 소지하고 있다. 대학에서는 이제 갓 신입생 자격을 얻었을지 모르나, 항공 쪽에서는 더 이상 부족함이 없는 위치에 오른 것이다.

앞으로 원하기만 하면, 미 공군에서 새로 개발하고 있는 최첨단 스파이 비행기의 테스트 파일럿이 되거나 민간 우주개발 업체인

스페이스X SpaceX의 우주선을 조종하게 될지도 모른다. 미국에서는 애슐리의 이야기가 전역에 퍼지면서 그녀를 자랑스럽게 여기는 분위기다.

—

애슐리가 지금까지 얼마나 열심히 훈련했을지는 상상이 되지만, 어린 나이에 혼자 겪었을 역경은 어른인 내가 짐작하기 어렵다. 대한민국에서 13살이면 초등학교 6학년이고 중학교 입학을 준비할 나이다. 애슐리는 그 나이 때부터 비행의 꿈을 키웠다. 그녀의 아버지가 어려서부터 강조한 키워드는 동정심 compassion이었다고 한다. 주변 사람들의 어려움을 가슴으로 느끼고 직접 행동하기를 원했던 것 같다. 비행 조종사 과정을, 그것도 CFI/CFII 교관 자격까지 따려면, 방대한 항공 지식은 물론이고 교육에 대한 철학까지 갖춰야 한다. 다른 친구들은 학교에서 돌아와 학습지를 열심히 채워나갈 때, 애슐리는 비행 연습을 위해 공항으로 향했을 모습이 상상된다. 교실에서 자신의 아이디어를 발표하는 것도 부끄러워할 나이인데 애슐리는 당당히 연방항공청 관제사들과 무전하며 계획된 비행 경로를 나아갔을 것이다. 누가 보아도 자랑스러운 인물이다. 그렇게 한 단계 한 단계 나아갈 수 있었던 데는 그녀를 누구보다 잘 코칭하고 응원하는 아버지의 힘이 컸을 것이다.

앳된 애슐리가 비행기를 조종하는 모습에 어떤 어른들은 냉소적인 반응을 보이기도 했다. "저렇게 어리고 약해 보이는 소녀가 어떻게 저런 큰 헬리콥터를 잘 몰 수 있겠어?" 그런 반응을 예측했던지 애슐리의 교관은 평소 이렇게 말해주었다고 한다.

"주위에서 아무리 냉소적인 말을 던져도 절대 신경 쓰지 말고 너의 꿈을 키워."

애슐리는 그 교관의 말을 계속 상기하며 비행훈련에 임했다고 한다. 또한 방송국 인터뷰에서 이런 말을 하기도 했다.

"열정이 없는 일에 시간을 낭비하지 마세요. 만약 어떤 일에 열정을 느낀다면 엄청난 시간과 노력을 다할 마음의 준비를 하세요."

난 아무리 해도 안 된다고 불평하는 사람들에게 던지는 말 같았다. 물을 끓이려면 100도가 넘는 노력을 해야 하는데, 평생 99도로 노력하고는 '왜 나는 물을 끓게 만들 수 없을까?' 탄식하는 사람들을 주위에서 숱하게 보았다. 노력은 노력대로 하면서도 평생 고생만 하고 원하는 것을 얻지 못하는 안타까운 사람들이 있다. 99도의 힘든 노력과 100도의 충분한 노력은 단 1도 차이지만,

그 작은 차이로 인해 운명이 갈린다. 수많은 노력 중에 한 번만이라도 110도를 목표로 했다면 분명 물을 펄펄 끓이고도 남았을 텐데……

어린 나이의 학생이 꿈을 갖고 끊임없이 배우고 싶은 마음은 어디에서 나오는 걸까? 아마도 내가 선택해서 가는 길이 나에게도, 사회에도 의미 있는 일이 된다는 확신이 아니었을까? 그런 보람을 느끼게 되면 도중에 장애물을 만나더라도 창의적으로 풀어보고 싶은 문제로 보일 것이다. 문제를 하나하나 풀면서 나아갈 때마다 행복감도 커졌을 것이다.

이처럼 나의 꿈, 내가 하는 일, 일생 동안 할 일들을 생각해볼 때, 과연 그런 것들이 나를 자랑스럽게 하는 것인지 질문해볼 필요가 있다. "What makes you feel proud?(무엇을 할 때 자랑스러움을 느끼는가?)"

What is your 'what if' question now?

이륙 준비를 마치고 활주로 앞에서 기다리는데 무전으로 다음과 같은 교신이 들린다. 관제사가 착륙을 준비 중인 다른 비행기 조종사에게 지시하는 내용이다.

"리드힐뷰 공항 관제탑입니다. 세스나 44TSP 비행기, 바로 2마일 거리에 활주로 접근 중인 체로키 비행기가 있습니다. 바람 부는 방향으로 더 길게 날아가세요. 언제 턴을 할 수 있는지 다시 알려주겠습니다."

이 말은 현재 접근 중인 비행기가 곧 착륙하니까 좀 더 멀리 날아가서 시간을 벌고 있으면 언제 턴을 할지 알려주겠다는 뜻이다. 다른 비행기가 먼저 착륙하고 44TSP는 두 번째로 착륙해야 하는 것이다. 그런데 공항 옆을 날아가는 44TSP 조종사의 답이 없다. 잠시 침묵이 흐른다. 큰일이다. 제대로 교신이 안 된다면, 내가 지금 이륙하려는 활주로에서 무슨 일이 벌어질지도 모른다. 관제사가 똑같은 말을 다시 전한다. 그제야 더듬더듬 "44, 바람 부는 쪽으로……." 그러고는 또 말이 없다. 일단 콜사인이 틀렸다. 지시한 내용을 반복하고 곧바로 그렇게 하겠다고 답이 있어야 하는데 말이다. '아니, 학생 조종사인가?' 하는 생각이 들었다. 이때 바로 지시 사항을 반복하고, 제대로 대답하는 다른 목소리가 있다. 아마도 44TSP 안에서 학생 옆에 앉아 있던 교관일 것이다. 다행히도 교관이 함께 타고 있었다. 지상에서 또는 근처 하늘에서 이 교신을 들으며 기다리던 모든 사람들이 비로소 안도의 숨을 쉬었을 것이다.

항공교신 무전을 듣다 보면, 어떨 때는 발음을 알아들을 수 없거나 더듬더듬 교신하는 학생 조종사들이 많다. 대부분 유학생들이 조종사 자격증을 취득하려고 훈련하는 경우다. 학생 시절에는 누구나 그렇다. 교신을 자유자재로 하게 되는 것은 나중에야 가능하다. 처음에는 더듬거리기 마련이고, 실수로 잘못 말하거나 엉뚱한 대답을 하기도 한다. 태어날 때부터 쓴 내 나라 말이 아니기 때문이다. 나도 똑같았다.

많은 사람들이 비행기 조종사라는 꿈을 꾸고 무엇이 필요한지 알아보다가, 비행기 교신이라는 큰 관문 앞에서 포기하곤 한다. 일반 영어 회화도 힘든데 비행기 교신이라니. 그것도 대형 항공기들과 같은 하늘을 날면서 그들이 사용하는 교신에 끼어들어 사고가 나지 않도록 잘 교신해야 한다는 생각에 자신감이 뚝 떨어진다.

—

고등학교를 졸업하고 미국에 처음 왔을 당시, 나는 맥도널드에서 햄버거 하나 제대로 주문하지 못했다. 그때 영어 수준은 "I am hungry"나 할 정도였다. 내가 있던 지역은 완전 시골이어서 아시아인 자체가 별로 없었다. 대형 마트에 생필품을 사러 들어가면, 어린아이들이 나를 손가락으로 가리키며 "Ma! Look it!" 하곤 했다. 어디 의지할 데도 없어서 손짓·발짓을 해가며 소통하고 영어를 배워야 했다. 지금이야 어딜 가나 한국 사람들이 있지만, 당시만 해도 꽤 오랫동안 한국말을 잊고 살았다. 덕분에 영어를 빨리 익히는 데 큰 도움이 되었다.

어떻게 하면 단시간 내에 영어를 익힐까 고민했다. 일단 말할 기회를 많이 가져야 한다는 생각에 기숙사 정문에 "Free Beer! Room 326"이라고 붙여놓았다. 30분도 안 되어 학생들이 내 기숙사 방문을 두드려댔다. 그 사건으로 인해 나는 기숙사에서 금세 유명인사가 되었고, 말을 거는 친구가 순식간에 늘어났다. 그러면서 중국집 계산원으로, 배달원으로, 세차장 종업원으로, 잡화점 점원으로 활약했고, 나의 'broken English'는 'street English'로 한층 업그레이드되었다. 그 후로 나의 영어 공부는 루틴이 되었다. 24시간 영어권을 만들기 위해 잘 때도 CNN 같은 뉴스를 틀어놓았다. 눈 뜨고 숨 쉬는 동안, 영어 뉴스나 영화가 끊임없이 내 귀에 흘러들게 했다. 물론 아무리 그렇게 틀어놓아도 이해되는 부분은 거의 없었지만.

톰 크루즈가 출연하는 〈어 퓨 굿 맨A Few Good Men〉이라는 영화를 일주일에 3번씩, 총 30번을 반복해 보면서 대사를 외우기까지 했다. 전쟁 영화나 액션이 아닌 법정 영화를 보면 고급 회화에 익숙해진다고 믿었기 때문이다. 고등학교 때만 해도 하위 1퍼센트였던 내가 영어를 습득하기란 그만큼 쉽지 않았다. 하지만 루틴을 만들기 위해 하루에 조금씩 하더라도 쉬는 날은 없었다.

샌프란시스코 시내와 금문교 주변의 야경을 감상하며 비행하다가 이런 생각이 들었다. 이 지역에는 국내외 많은 항공기들이 다니기 때문에, 이곳을 안전하게 지나려면 정확한 고도와 방향을 지키면서 시키는 대로 잘 따라야 한다. 주변에 공항도 많아서 공항 관제사들과 주고받는 교신이 상당히 많다. 멋진 야경을 감상하며 사진도 몇 장 찍는 여유를 갖기까지, 내가 태어난 인천 부평의 논밭에서 개구리를 잡던 어린 시절부터 지금까지, 엄청나게 많은 '스텝 바이 스텝step by step'의 계단이 있었다. 그 중요한 시점마다 나 스스로에게 많은 질문을 했고, 그 질문에 대한 답을 하나하나 얻어가며 여기까지 왔다.

'내가 만일 미국에 간다면', '내가 만일 대학에 들어갈 만한 토플 점수를 얻는다면', '내가 만일 미국 사람들과 영어로 대화할 수 있다면', '내가 만일 미국에서 대학에 입학할 수 있다면', '내가 만일 미국에서 학부를 졸업할 수 있다면', '내가 만일 석사과정에 들어갈 수 있다면', '내가 만일 박사과정에 들어갈 수 있다면', '내가 만일 미국에서 직장을 얻을 수 있다면', '내가 만일 비행기를 조종할 수 있다면', '내가 직접 비행기를 조종해서 전 세계를 일주할 수 있다면', '내가 비행기를 타고 의료진과 교육자를 아프리카 오지에 수송할 수 있다면'까지 끊임없이 나에게 질문을 했다. 처음부터 '내가 비행기를 몰고 아프리카 오지에서 부시 파일럿이 된다면'이

시드 오브 임파워먼트 교육 프로젝트, 인도네시아 이슬람 학교에서

라고 질문하지는 못했다. 인생의 변화는 단계를 따랐고, 끊임없는 가정적 질문에 따라 궤적이 조금씩 바뀌었다.

가정적 질문 없이 인생의 궤적을 바꿀 수는 없다. 수많은 질문 중에서 나를 바꿀 수 있는 가장 결정적인 질문은, 어쩌면 처음에는 다소 황당할지 모르는 가정적 질문들이다. 그것도 너무 멀리 있는 것이 아닌, 지금 당장 눈앞에서 가능할지 모르는 '만약에What if'로 시작하는 질문들이다.

교육자의 눈으로 볼 때, 실수를 하거나 어설프게 일하는 사람을 만나면 전혀 낯설지 않다. 나도 그랬으니까. 그리고 언젠가는 그런 실수가 줄어들고, 어설프게 일하던 사람도 멋진 프로페셔널이 되어 있을 테니까. 물론 단계별로 성공을 이루려면, 처음부터 큰일을 이루려 하거나 단번에 많은 것을 얻으려 해서는 안 된다. 그보다는 자신을 루틴에 집어넣는 것이 훨씬 빠르고 확실한 결과를 가져올 때가 많다. 영어 공부도 하루에 30분만 공부하고 하루에 단어 3개만 습득하더라도, 그것이 일주일, 한 달, 한 해가 되면 엄청난 양이 되듯이 말이다. 성취는 항상 단계적인 것이며, 루틴화는 필수적이다. 작은 성취는 자신감을 주어서, 더 큰 다음 단계를 바라보게 하는 힘이 된다.

파일럿 과정에서 관제사와의 교신에 익숙해지려면 하루에 10분씩 'LiveATC.net(전 세계 항공교통관제통신 상황을 실시간으로 제공하는 오디오 스트리밍 사이트)'을 듣는 것이, 작정하고 날 잡아서 몇 시간 듣는 것보다 훨씬 효과적이고 엄청난 양의 시간을 할애하는 셈이다.

인간의 몸과 두뇌는 규칙적인 것을 선호하는 것 같다. 운동도 규칙적일 때 다치지 않고 효과가 있는 것처럼, 좋은 음식이나 영양제도 한 번에 한 주먹씩 먹는다고 갑자기 몸이 좋아지지 않는다. 한두 알씩 매일 규칙적으로 먹는 것이 더욱 효과를 얻듯이, 낯선 언어나 지식도 루틴화된 체계에서 성취를 얻을 수 있다.

인생에서 무엇을 이루려고 하든 꼭 해낼 수 있다고 확신한다.

단, 모든 일은 'what if' 질문으로 시작해야 한다. 그 질문에 답하려면, 그것을 작게 단계적으로 잘라서 그 작은 것들 하나하나를 루틴화해야 한다. '시작이 반'이라는 말처럼, 오늘 자신에게 다음 단계의 시작을 위한 'what if' 질문을 해보자. '내가 만약에'라는 질문은 생각할수록 즐겁고, 나를 끊임없이 다음 단계로 데려간다.

부시 파일럿 훈련, 알래스카에서

part

4

실패를 배움으로 바꾼다는 것

/ 실패의 진짜 의미 /

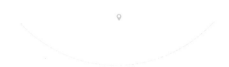

Have you really failed?

'당신은 실패했습니다'라는 말을 하루에 연거푸 들으면 기분이 어떨까? 그것도 상당히 자괴감에 빠져 있는 상태에서 말이다. 파일럿 면허 과정을 공부하는 것 자체가 나에게는 쉽지 않았다. 스탠퍼드에서 진행 중인 개발 프로젝트들, 수많은 회의들, 잦은 해외 출장 등으로 늘 일정이 빡빡했다. 두바이, 런던, 마닐라, 베이징, 서울 등을 돌아다니며 진행하는 해외 프로젝트들과 강연 준비 등으로 시차 적응하기도 힘든 50대 남자가 잘 알지도 못하는 새로운 영역에 도전하는 일은 결코 호락호락하지 않았다. 틈틈이 파일럿 공부를 하는 내내 '한 살이라도 젊었을 때 시작할걸' 하는 후회감이 밀려들었다. 장시간 두바이로 향하는 비행기 안에서 프로젝트 문서를 검토하다가도, 시애틀에 강연차 갔던 호텔에서 강연 자료를 준비하다가도 시간만 나면 파일럿 공부를 했다. 처음에는 들리지도 않고 이해도 안 되는 ATC Air Traffic Control 교신, 주기적으로 외워도 까먹는 이론들을 접하며 마음도 많이 상했다. 무엇보다 교관으로부터 반복적으로 듣는 부정적 피드백 negative feedback 이 가장 힘들었다.

CFI Certified Flight Instructor 라 불리는 교관들은 크게 두 부류로 나뉜다. 한 부류는 수많은 비행시간과 경험을 통해 항공업계에서 잔뼈가 굵은 사람들이다. 이들은 노년을 맞이해 새로운 파일럿을 가르치는 일을 즐거워한다. 다른 부류는 상업 항공사에 취직하기 위해 많은 비행시간이 필요한 20~30대 청년들이다. 시간당 수강료까지 받으며 돈 안 들이고 비행시간을 올려 1,500시간 정도 채워지면, 그때부터 지역 항공사에 첫발을 들일 수 있다.

파일럿 과정에 입문하는 초짜 학생들은 이런 상황을 잘 모른다. 그저 항공학교에 문의하여 소개받는 CFI가 대부분 첫 교관이 된다. 나의 첫 교관은 산호세대학교 졸업반인 23세 대학생이었다. 대학에 몸담고 있는 나에게 23세 대학생 교관은 더욱 각별한 느낌을 주어 학생 신분을 겸허히 받아들이게 해주었다. 젊은 교관과 그의 여자친구를 스탠퍼드대학 교수 식당으로 초대해 깍듯이 대접하기도 했다.

대학생 교관님은 어려서부터 꿈이 비행기 기장이었다고 한다. 고등학교를 졸업하고 집을 나오면서 인근 공항에서 아르바이트를 해 돈을 벌었다. 비행기를 청소하거나 트럭을 몰고 다니며 비행기에 연료 주입하는 일을 하며 비행훈련 비용을 마련했다. 그때까지 약 700 비행시간을 모아 아직 갈 길이 멀지만, 꿈을 이루기 위한 발걸음은 가벼워 보였다. 어려서부터 비행 조종을 경험해서 그런지, 그는 나를 처음부터 믿고 맡겼다. 물론 나는 첫 훈련 전에 비행 관련 유튜브 영상을 보고, 책도 읽고, 시뮬레이션 게임도 해보면서 이론적으로 예습을 많이 했다. 첫날, 첫 시간부터 마치 내가 뭔가 아는 듯한 모습으로 프리플라이트preflight(비행 직전에 비행기 기체를 점검하는 과정)를 하고, 왼편 조종석에 앉아 순서대로 엔진에 시동을 켜는 등 시키는 대로 곧잘 따라 했다. 그래서 그런지 이 교관은 거의 모든 상황에서 내가 하도록 놔두었다. 그리고 계속 "잘한다, 잘한다"를 연발했다. 어디서 배웠느냐, 정말 오늘 처음 온 거 맞느냐 등등. 그날은 비가 부슬부슬 내리고 바람도 좀 불어서 사실 비행하기에 적합한 날은 아니었다. 그럼에도 난 시뮬레이션 게임에

비행 전 기체 점검

서 해본 것처럼 기체 방향 보정까지 하며 착륙을 큰 무리 없이 해 냈다. 지금 생각하면, 어린 교관이 초보 학생을 너무 믿었고, 나 자 신도 멋모르고 자신감에 넘쳤던 것 같다. 물론 첫 비행에 온 신경 을 집중한 탓에 비행기에서 내려서는 다리에 힘이 풀려 잠시 동안 걸을 수가 없었다.

첫 비행훈련을 마치고 집에 오는 길에 긍정적 피드백positive feedback의 힘을 곰곰이 생각해보았다. 긍정적 피드백은 교육학적으 로도 매우 중요하다. 자신감self-confidence을 상승시키고 어느 정도까 지는 자기 역량의 한계를 넘는 일도 수행하도록 하는 엄청난 파급 효과가 있다. 다만, 근거 없는 긍정적 피드백은 자만을 유발할 수 있고, 다음 수업 준비에 소홀해지도록 만들기도 한다. 명색이 교육공학 박사인 만큼 나름대로 자아비판을 해가며 교관님의 과찬에 균형을 맞추려 애썼다. 진짜 잘한 부분은 무엇이며 부족한 점은 무엇인지 스스로 꼼꼼히 체크하며 비행훈련에 임했다. 그래서인지 다음 피드백이 기다려지고, 주말에 비행훈련을 하러 가는 발걸음도 아주 가벼웠다. 비행훈련을 할 때는 전 과정을 비디오로 녹화한 후, 집에 와서 다시 확인했다. 무엇을 왜 잘했는지 얘기해주지 않은 부분은 유튜브 영상을 찾아가며 이유를 알아내려고 노력했다. 그런데 이론보다는 먼저 실전 경험 위주로 공부하고 항상 긍정적 피드백을 받다 보니, 세밀한 부분에서 놓치는 것이 있었다. 매뉴버 maneuver (이착륙, 긴급상황 대처법 등 기본적인 비행 기술들로서, 처음 조종사 자격증을 취득할 때 시험관에게 보여줘야 한다)를 할 때 필요한 수치나 순서의 정확성 등이 부족하다는 사실이 나중에 다른 교관과 훈련하면서 극명히 밝혀졌다.

첫 비행을 한 주말로부터 4개월 후 대학생 교관님이 산불방지 경계비행을 하는 정부 조직으로 아르바이트를 가야 해서 우리는 아쉽게 헤어졌다. 내가 비행할 수 있는 시간이 극히 제한적이어서 스케줄 계획이나 변경이 수월한 교관님이 필요했다. 그리하여 만나게 된 교관님은 30대였다. 이전과 마찬가지로 아직 올려야 할 비행시간이 많이 필요한 분이었다. 그 교관님과 첫 비행을 마치고 바로 그다음부터는 솔로solo 비행(기본훈련 후 혼자 조종하는 과정)도 할 수 있게 되었다. 최종 자격시험을 치르려면 교관과의 훈련 비행시간도 일정량 필요하고, 솔로 비행으로 혼자 먼 곳까지 다녀오기도 해야 한다. 문제는 시험에 필요한 매뉴버들과 평소 잘 숙지해야 하는 순차적인 체크리스트 부분이었다.

첫 교관과의 훈련에서는 긍정적 피드백을 받아, 힘든 것도 쉽게 느껴지고 자신감에 넘쳐 대담하고 항상 기분 좋게 훈련에 임했다. 하지만 그 과정에서 디테일이 빠져 있었고, 결과적으로 내가 하는 매뉴버들에는 정확성이 부족했다. 순서가 정확하지 않았을 뿐 아니라 리스크에 대한 체크리스트 활용도도 상당히 낮았다. 그러다 보니 두 번째 젊은 교관님은 훈련비행 때마다 "You just failed! You just failed again. And Again!"을 외치셨다. 나는 그동안 쌓였던 자신감을 한순간에 상실했고, 힘들게 잡은 훈련 시간이 두려움으로 시작되었다. '오늘은 또 뭘 실패할까, 어떤 실수로 혼날까'를 먼저 생각했다. 그 결과, 훈련 전에는 소화도 잘 안 되고, 훈련을 마치고 돌아오는 길에는 항상 자괴감에 빠졌다. '내가 이걸 계속해야 하나'라는 질문을 수도 없이 했다.

지하로 들어가버린 자존감 때문에 땅속의 두더지 심정으로 필요한 훈련 시간을 마쳤다. 그런데 두 번째 교관님은 내가 여러 가지 이유로 비행 실기시험 준비가 안 되었다며 필요한 시험전형 서류에 사인해주기를 거부했다. 더 많이 연습하고 오든지 다른 교관을 알아보라는 것이었다. 할 수 없이 또 다른 교관을 찾아야 했다.

———

세 번째 교관님은 기존 학교에서 스케줄이 맞는 사람을 찾을 수 없어서 다른 비행학교에서 찾았다. 40대 후반의 그 교관은 항공사 취직을 위해 비행시간을 열심히 올리는 사람이 아니었다. 가르치는 일 자체를 즐기는 분이었고, 'Gold Seal CFI'라는 자격도 갖고 있었다. 이 자격을 유지하려면, 지난 24개월간 본인이 가르친 최소 10명의 학생 중 8명이 첫 시도에서 시험에 합격해야 하고, 학생 20명의 시험감독관 또는 최종 훈련 평가감독관으로 학교에서 활약하고 있어야 한다.

세 번째 교관님은 디테일에 상당히 신경 쓰는 분이었고, 정확한 피드백 accurate feedback을 주셨다. 훈련이 끝나면 내가 실수한 부분, 더욱 신경 써야 할 부분들을 정리해서 설명해주셨고 이메일로도 보내주셨다. 비록 최종 시험 전까지 두 번밖에 못 만났지만 배운 점이 너무나도 많다. 그분과의 1시간 비행은 거의 10시간 분량을 짚고 넘어가는 느낌이었다. 그제야 어떤 CFI를 만났어야 하는지 알게 되었고, 처음부터 왜 만나지 못했는지 아쉬움이 밀려왔다. 그분은 무엇보다 '그동안 내가 정말 실패한 것인가?'라는 중요한 질문을 다시 하게끔 도와주셨다.

하지만 그분이 내 시험전형에 사인을 해주기에는 절차가 너무 복잡했다. 왜냐하면 그렇게 되면 학교를 바꾸는 것이 되어 여러 가지 중복되는 절차가 필요했고, 나는 그럴 만한 시간이 없었기 때문이다. 더구나 그해 캘리포니아는 11월부터 우기가 시작되어 시험 날짜를 잡는다 해도 그날 시험을 볼 수 있을지 확실하지 않았다. 캘리포니아에서는 시험감독관과 비행시험 날짜를 한번 잡는데 몇 달이 소요되곤 해서, 시험 준비가 되었다 해도, 몇 달 뒤에는 훈련한 내용에 대한 감이 떨어지기 쉽고, 다시 훈련을 하고 있어야 하는 고충도 있었다. 이에 대해 세 번째 교관님은 어떤 것이 나에게 가장 좋은 옵션인지 자세하게 코칭을 해주셨다. 최선의 방법은 시간 잡기가 어렵더라도 기존 학교의 치프 파일럿 chief pilot과 만나는 것이라고 했다. 직업으로 만나 '티칭 teaching'하는 교관이라기보다 전반적인 '코칭 coaching'을 해주는 분처럼 느껴졌다. 이제는 비행 관련 일 외에도 종종 일상을 나누며 지낼 정도로 가까운 사이가 되었다.

———

네 번째로 만난 교관님은 기존 학교의 치프 파일럿, 즉 총책임 교관으로, 나이 60을 넘긴 베테랑이셨다. 이분은 스케줄 잡기가 하늘의 별 따기였다. 우기가 다가오는 상황에서 마음이 점점 급해졌다. 내게는 파일럿 과정 공부보다 비행 가능한 날을 찾아 훈련 스케줄을 잡고 시험 날짜를 잡는 과정이 더욱 고되고 힘든 마음 수련의 시간이었다.

만나기는 힘들었지만 그분은 단 두 번 비행하고서 시험전형 서류에 기꺼이 사인해주셨다. 이분 또한 큰 아이패드를 항상 가지고 다니면서, 상황별로 노트 정리를 해주시고 공유해주셨다. 역시 가르침을 업으로 삼은 분들의 내공은 다르다는 점을 느끼게 하는 분이었다. 아직도 기억에 남는 말이 있다.

"나도 그런 실수를 하지요. 누구나 그런 실수를 하고, 나도 처음 학생이었을 때 그런 실수를 곧잘 했지요. 그래서 학생인 거예요. 본인의 학생 시절을 기억하지 못하는 교관은 좋은 교관이 될 수 없어요."

내공이 있는 분답게 시험 치러 가기 전에 짧은 시간을 내어, 쉽게 급선회 steep turn 하는 방법, 방향키 rudder 를 잘 활용하는 방법, 매뉴버마다 정확도를 높이는 방법 등을 쉽게 설명해주셨다. 경험이 많다 보니 상황마다 능력을 증진하는 방법을 들려주셨다. 이분이 주는 모든 피드백은 상당히 정교한 구성적 피드백 constructive feedback 이었다. 이분과의 두 시간 또한 나에게는 수십 배의 효과를 도출해내는 귀한 시간이 되었다.

근접발달영역 Zone of Proximal Development: ZPD 이론을 남기고 간 러시아 심리학자 레프 비고츠키 Lev Vygotsky 는 혼자서는 할 수 없는 레벨의 일을 조력자의 도움을 받으면 이룰 수 있다고 강조했다. 그리고 그 능력 차이를 'ZPD'라고 명명했다. 적절한 코칭이 있을 때, 불가능했던 일이 가능한 일이 되고, 결코 될 수 없었던 스타도 탄생할 수 있는 것이다.

나는 파일럿이 되기까지 두 명의 티처와 두 명의 코치를 만난 것이었다. 초보자는 누가 티처이며 누가 코치인지 구분하기 힘들다. 결국 나에게 필요한 코치를 찾는 것 또한 나의 몫이다. 디테일 없는 긍정적 피드백, 무심한 부정적 피드백보다 훨씬 유용한 건 디테일이 있는 정확한 피드백이었고, 나를 더욱 성장시키는 것은 구성적 피드백이었다.

교육자의 눈으로 바라볼 때 '실패'란 없다. 모든 순간은 배움의 기회다. 나는 모든 강의에서 그렇게 이야기해왔지만, 지속적으로 부정적 피드백을 받는 상황이라면 이런 상황을 잘 아는 교육자도 기분이 안 좋아진다.

'실패했습니다'라는 말은 배움을 멈추고자 하는 사람에게는 영구적인 실패를 말한다. 그러나 끊임없이 배우려는 이에게 그 말은 "또 한 번의 배움의 기회를 얻으셨습니다"라는 말이다.

스타트업에서, 펀드 레이징에서, 학업에서, 시험에서, 자격평가에서 누군가로부터 '실패'라는 피드백을 받았다면 "Have you really failed?(정말로 실패한 것인가?)"라고 스스로에게 반문할 필요가 있다. 그것을 영구적 실패로 받아들일지, 또 한 번의 좋은 배움의 기회로 받아들일지의 결정은 나만이 할 수 있기 때문이다.

/ 플랜 B /

What if you don't have a plan B?

"메이데이 Mayday, 메이데이, 메이데이."

칠흑 같은 밤, 안팎으로 아무것도 보이지 않는 비행기 안에서 나는 손에 든 휴대용 무전기에 외치고 있었다. 이 말은 최악의 비상 상황에서 보내는 교신이다. 예컨대 엔진 문제로 곧 추락이 임박했거나, 기체상의 문제로 급하강할 때, 또는 비행기 안에 불이 나 조종사가 비행을 지속할 수 없을 때. 이미 연결되어 있는 ATC 또는 121.5메가헤르츠MHz 주파수상에서 듣고 있을 누군가에게 도움을 요청하는 말이다. 초보로서 혼자 밤 비행을 하던 날, 모든 조종사들이 상상도 하기 싫어하는 상황이 나에게 벌어졌다.

대부분의 비행학교에서 운영하는 렌털 비행기는 그다지 좋은 비행기들이 아니다. 최소한의 정비를 받고 최소한의 법규를 따르면서도 최대의 수익을 얻기 위해 준비된 비행기여서 가끔 문제가 발견된다. 비행기 조종사 과정 중에 경험했던 일들은 상당히 많았다. 착륙할 때 브레이크가 고장 나기도 했고, 비행 중 연료 계기판이 춤을 추는가 하면, 날아갈 길은 먼데 비행기 내에서 심한 휘발유 냄새 때문에 현기증을 느끼기도 했다. 크고 작은 일들은 늘 생기기 때문에 비행 시에는 최악의 상황을 대비하면서 비행에 임해야 했다. 교육과정과 시험에도 등장하는 엔진 고장 시 비상착륙 훈련이라든지 기내 화재 등 수많은 상황을 미리 숙지하기는 했다.

하지만 그날 밤, 기내 모든 전기전자 계기가 꺼지는 완전한 암전 total blackout 상황은 상상도 해보지 못했다. 그런 상황은 매뉴얼에 없었기 때문이다. 그것도 처음으로 혼자 시도해보는 밤 비행에서. 많은 생각이 주마등처럼 지나갔다. 내가 오늘 밤 집에 갈 수 있을까? 깜깜한 밤에 이 상태로 사고가 난다면 어떻게 날 것인가? 계기판에 장착된 무전기로 어떻게 교신할 것인가? 등등 수많은 질문이 떠올랐다. 모든 전기가 나갔다는 것은, 모든 계기(속도, 고도, GPS 등), 착륙등을 포함한 기내외 장착된 모든 전등, 위치추적 등

훈련 초반 야간 비행을 시작할 때

을 알리는 트랜스폰더 transponder 같은 모든 것이 꺼져버려서 계기가 전혀 안 보인다는 뜻이다. 달이 없는 밤에 불빛도 없는 산 위를 날고 있다면 그야말로 최악이다. 그 상황에서 유일하게 작동하는 것은 오직 하나, 프로펠러를 구동하는 엔진뿐이다. 모든 전원이 꺼져도 엔진은 꺼지지 않기 때문이다.

나는 한 손으로는 조종간을 잡고 다른 한 손으로는 뒷좌석에 아무렇게 던져놓았던 백팩을 찾아 손을 허우적댔다. 겨우 가방을 손에 집고, 앞주머니에서 휴대용 무전기를 간신히 꺼냈다. 친구 파일럿이 언젠가 필요할지도 몰라 항상 가지고 다닌다면서 보여주었을 때, 나도 있으면 좋겠다 싶어 구입해두었던 무전기다. 친구 말로는, 기능이 엄청 많은 고가의 무전기인데 한 번도 써먹지 못했고 배터리도 이미 나갔다고 했다. 다행히 내 것은 충전한 지 얼마 안되었고 비상 배터리 팩도 있었다. 하지만 나 역시 한 번도 써보지 않아서 어떤 버튼이 어디에 있는지도 잘 몰랐다.

아무튼 무전기를 집어든 나는 계기판에 꽂혀 있던 헤드폰과 마이크 잭을 빼냈다. 휴대용 무전기에는 굵직한 잭을 꽂을 구멍이 없어서 어댑터를 따로 구입해 무전기에 꽂아놓은 상태였다. 아무것도 보이지 않으니 한 손은 조종간을 꼬옥 붙들고, 다른 한 손은 손끝의 느낌만으로 무전기를 더듬거리며 헤드폰과 마이크 잭을 무전기에 꽂았다. 그다음 문제는 무전기를 켜는 것이었다. 아무 버튼이나 눌러대다가 겨우 무전기를 켰고, 주파수를 맞춘 후 비상 채널에 교신을 시도했다. 그 와중에 나의 비행기는 깜깜한 밤, 보이지 않는 산자락 사이에서 춤을 추고 있었다.

그러다 다행히도 인근 공항으로 향하는 다른 비행기들을 발견하고 그 비행기들 불빛을 따라갔다. 아마도 그 비행기들은 아무런 불빛 없이 하늘을 날고 있던 나의 존재도 몰랐을 것이다. 마침내 휴대용 무전기로 인근 공항 관제탑과 연결이 되었다. 착륙을 시도한다는 교신과 착륙해도 좋다는 교신을 마지막으로 착륙등도 없이 깜깜한 활주로에 착륙했다. 지금 생각해보면, 초보인 나의 첫 밤 비행이 '왜 그렇게 장대해야만 했던가' 싶다. 밤 비행을 수십 번 해보고, 조종사 자격증을 딴 지 10년쯤 지나서 그런 일이 생겼더라면 그렇게 당황하지 않았을 텐데……

평소에 학교에서 시스템 솔루션 개발팀이나 연구원들에게 했던 말이 생각난다.

"플랜 B가 있나요?"

"그게 잘 안 되면 어떻게 할 거죠?"

'What if'으로 시작하는 그 질문들은 내가 한국에서 초·중·고를 마칠 때 스스로에게 했던 것들이다. 고등학교를 졸업하고 미국에 가기로 결심했을 때에도 '내가 미국에서 ○○을 못하면', '만약 ○○이 안 나오면', '만약 그곳에 입학이 안 되면', '거기서 나를 고용하지 않으면' 등등 플랜 B에 대한 수많은 질문을 끊임없이 해왔던 것 같다. 쉬운 도전이거나 예측 가능한 일이었다면, 그런 질문은 없었을 테고 플랜 B도 필요 없었을 것이다. 스타트업을 시작하는 젊은 친구들이 모든 것이 자기 생각대로 흘러갈 것이라고 의기양양하게 피칭할 때에도 나는 항상 물었다. "플랜 B가 뭐예요?"

사실, 스타트업을 하거나 직장을 옮기거나 새로운 도전을 하거나 할 때 갖는 플랜 B와 나처럼 비행기 조종을 하면서 목숨이 위태로울 수도 있는 만약의 상황에 대비하는 플랜 B는 성격이 많이 다르다. 또한 모든 상황에 플랜 B를 가지고 있을 수도 없다. 때로는 플랜 B가 없을 수도 있지만, 플랜 C, D까지 만들어서 대비해야 할 상황도 있을 것이다.

그날 밤 내게 도움이 되었던 것은 친구 파일럿이 자랑하며 보여주었던 휴대용 항공무전기였다. 배터리가 방전되어 무용지물이라는 그의 말을 들으면서, 나는 매월 한 번씩 무조건 충전하자, 최소한 5년의 수명이 있는 알칼리전지 팩도 겸비해서 만약을 대비하자고 다짐했다. 실제로도 전시용이나 자랑용이 아니라 비상상황에서 바로 쉽게 쓸 수 있도록 헤드폰 마이크 어댑터를 무전기에 미리 장착해놓았다. 과거를 돌아보니 나에겐 늘 그런 태도가 있었다. 집 정문의 와이파이 도어락 배터리가 다 되는 경우를 대비해, 집 뒤 차고 문garage door에는 배터리식이 아닌 상용 전기를 사용하는 오프너opener를 달았고, 둘 다 결함이 생길 것을 대비해 일반 열쇠를 출근 가방에 넣고 다녔다. 내 휴대폰 배터리가 방전되어 문을 열지 못할까 봐 가족 모두의 휴대폰에 앞문, 뒷문을 열 수 있는 앱을 설치해놓기도 했다.

스탠퍼드 내에서 상당히 선구적인 교육혁신 개발팀에도 최소한 한 명의 팀원은 항상 비판적인 질문을 하도록 했으며, 'What if' 질문 전담 팀원을 배치했다. 리더인 나의 아이디어나 방향에 팀원들 모두가 'Yes'를 하지 않도록. 이것은 어떻게 보면 정교한 직장 문화를 유도하는 장치이자, 곧 문화 엔지니어링culture engineering이다. 스탠퍼드 연구원들과 'SMILE Stanford Mobile Inquiry-based Learning Environment'이라는 21세기형 질문 중심 학습모델 솔루션을 만들다가 개발도상국의 전기나 인터넷 없는 지역을 대비해 만든 플랜 B 솔루션 'SMILE PI'를 탄생시켰다. 이는 2016년 유엔으로부터 미래 혁신 학습모델이라고 인정받기도 했다.

　그날 밤 비행의 암전은 결코 다시 경험하고 싶지 않은 상황이다. 삶에서, 학업에서, 스타트업에서, 솔루션 개발 과정에서, 또는 벤처 투자에서 생각하기 싫은 실수나 실패는 분명히 일어나기 마련이다. 하지만 대처 능력이 있고 대체할 수 있는 플랜 B가 있다면, 또 그와 같은 플랜 B 상황을 미리 보는 눈을 갖는다면, 영원한 실패나 실수는 없을 것이다. "What if you don't have a plan B?(만약 플랜 B가 없다면?)"라는 질문은 어쩌면, 21세기 불확실성의 시대를 살아가는 우리 자신에게 항상 물어야 할 가장 확실한 질문이 아닌가 싶다.

/ 추측의 교훈 /

Are you sure you are not assuming?

"연료 게이지를 보세요! 비어 있어요. 왜 이런 걸까요?"

조종간을 잡고 있던 나는 옆에 동승한 사람에게 이렇게 말했다. 그날 두 시간 거리의 목적지까지 비행하기 위해 연료를 가득 채웠다. 바람의 방향상 갈 때는 뒷바람을 받아 좀 빠르고 올 때는 맞바람 때문에 조금 느릴 것을 감안하여 왕복 네 시간으로 예측했다. 그날 비행한 기종은 세스나 182로, 고도와 기상 상태, 총중량에 따라 다르겠지만 대여섯 시간 넘게 비행할 수 있는 기종이었다. 보통 날씨가 좋을 때 시계비행을 하면 낮에는 30분 이상, 밤에는 45분

이상 더 비행할 수 있는 연료를 확보하고 비행하게 되어 있다. 혹시 모를 기상 상태 변화로 인해, 목적지가 아닌 다른 공항을 찾아 착륙할 것을 대비하기 위함이다. 나는 총 비행시간이 네 시간이므로 연료를 탱크에 가득 채우고 재급유할 계획 없이 여유를 가지고 출발했다.

가는 길에는 별다른 일이 없었다. 예상대로 뒷바람 덕분에 목적지에 빨리 도착했다. 목적지 공항에서 점심을 먹고 회의를 마치고 다시 비행기에 몸을 실었다. 돌아오는 길은 캘리포니아 해변을 따라 날아가는 항로이기에 콧노래를 부르며 멋진 바다와 해변을 연신 카메라에 담았다. 맞바람이 있어서 기체가 좀 느리고 흔들렸지만, 대체로 즐거운 비행을 즐길 수 있는 늦은 오후였다.

그때 눈앞의 연료 계기가 눈에 들어왔다. 충분한 연료를 가지고 비행을 시작했기에 그다지 신경 쓰지 않고 있었는데, 왼쪽 연료 탱크의 눈금 표시가 적색을 지나 더 밑으로 내려가 있었다. 내 눈을 믿을 수 없었다. 아뿔싸, 연료가 완전히 바닥난 상태였다. 순간, 얼굴에서 미소가 싹 가셨다. 만약 내가 연료 선택 레버를 왼쪽으로 해놓았다면, 엔진은 벌써 멈추고 하강을 시작했을 것이다. 연료가 없어질 만큼 비행하지 않았는데 너무 이상했다.

항상 비행기에 오르기 전에 프리플라이트를 통해 연료를 확인하는 절차가 있다. 연료 주입구가 날개 위쪽에 있어서 사다리를 놓고 올라가 뚜껑을 열고 안을 들여다본다. 눈으로 대강 확인하거나 눈금이 그려진 기다란 플라스틱 막대기를 연료통에 넣어 확인하기도 한다. 파일럿 훈련 때 조종석의 연료 계기는 믿을 수 없다는 말을 많이 들었다. 사실, 비행하면서 연료 계기가 춤을 추며 오르락내리락하는 경우를 직접 경험했고, 계기가 아예 고장 난 상태인 비행기도 몰아보았다. 그래서 비행 전에 항상 연료 탱크를 눈으로 직접 보고 막대기 눈금표를 읽어 연료량을 확인한 후, 비행시간으로 사용한 연료의 양을 인지하고 있는 것은 파일럿의 필수적인 일이다.

간혹 연료통에 밤새 습기가 차서 물이 섞이거나 연료 주입 시 또는 연료 탱크 자체의 부식으로 이물질이 들어갈 수 있다. 그럴 때를 대비해 날개 밑 연료 탱크 맨 밑바닥에 달려 있는 노즐을 살짝 열어 연료를 투명한 컵에 따라서 빛에 비춰본다. 연료 색깔이 푸른색인지, 이물질은 없는지 확인하는 절차를 꼭 거쳐야만 한다. 비행기 사고 뉴스를 보면, 어떤 경우 피스톤 엔진의 비행기에 터보프롭 turboprop 엔진 연료를 주입하는 실수로 비행기가 추락하고 조종사가 사망하는 사건도 있었고, 연료에 섞인 이물질로 인해 연료 주입 호스나 연료 필터가 막히면서 비행 중 엔진이 꺼지는 사고도 가끔 일어난다.

오래전 미국에서 어떤 방송국 기자가 매일 오후 5시에 실시간 비행을 하면서 교통상황을 알려주는 채널이 있었다. 퇴근길 고속도로 상황을 비행기에서 직접 방송하는 채널이라 인기가 있었다. 어느 날 이 기자는 시간이 급해서 연료의 양이나 상태를 확인하지 않고 바로 비행기에 올랐다. 너무나 무모한 행동이었다. 부득이하게 공항에 늦게 도착했는데 정확한 시간에 교통방송을 해야 하는 상황이 아니었다면 그날 비행은 당연히 취소했어야 한다. 하지만 마음이 급하고 방송을 취소하기 싫었던 그 기자는 자신의 생명을 담보로 비행을 감행했다. 물론 이 사실은 나중에 기자의 고백으로 세상에 알려졌다.

그날 내가 비행 전 확인할 때, 왼쪽 연료 탱크는 바닥이었고 오른쪽은 약 75리터의 연료가 있었다. 그래서 양쪽 연료통을 꽉 채우고 비행에 올랐다. 따라서 네 시간 비행을 했다 하더라도 비행기에는 여분의 연료가 분명히 있어야 하는 상황이었다.

돌아오는 길에 연료 계기가 바닥을 가리키는 모습을 보고 바로 연료통 선택 레버를 확인했다. 이 선택 레버는 왼쪽, 오른쪽, 그리고 모두 선택, 모두 잠금이 있다. 모두 잠금은 비행기가 추락할 때 연료 누출을 막기 위해서 선택하고, 보통은 모두 선택을 하여 연료가 왼쪽과 오른쪽 양쪽에서 흘러 엔진으로 가도록 한다. 다행히 오른쪽 연료통에는 연료가 남아 있어서 선택 레버를 오른쪽으로 돌리고 시간을 계산해보았다. 그대로 돌아가서 안전하게 착륙할 만큼은 남아 있었다.

공항에 돌아와 안도의 숨을 쉬고 비행기의 연료 탱크를 확인해보았다. 비행기 왼쪽 날개 밑 연료 탱크 노즐이 축축했다. 이 말은 연료가 노즐을 통해 방울방울 천천히 새고 있었다는 뜻이다. 줄줄이 새고 있었다면 눈에 금방 띄었을 텐데, 천천히 새는 바람에 잘 보이지 않았던 것이다. 비행 중에도, 목적지 공항에 서 있을 때도 그렇게 조금씩 기름이 새어나갔으리라. 곰곰이 생각해보니 출발 전에 왼쪽 탱크가 완전히 텅 빈 것을 보고 잠깐 의아했었다. 하지만 이내 양쪽 탱크에 연료를 가득 채우면서 그 사실을 간과하고 말았다. 충분한 연료를 넣었으니 계산대로라면 왕복을 해도 연료가 충분하리라 너무 쉽게 가정했던 것이다.

그날 나는 아무리 확실해 보이는 상황도 100퍼센트 확신해서는 안 된다는 교훈을 얻었다. 내가 확인해서 연료를 가득 채웠고, 비행시간을 고려해 연료가 충분하다고 계산한 것도 수학적으로는 틀리지 않았다. 하지만 노즐에서 기름이 천천히 새고 있으리라고는 상상하지 못했다. 항공 쪽에서는 항상 새로운 것을 경험하고 그때마다 새로운 것을 배우게 된다. 그러니 100퍼센트 확신하기 전에 의심하고 또 의심할 필요가 있다.

———

연료에 관해서는 10년도 더 된 가슴 아픈 기억이 있다. 아프리카 르완다 시골 마을 아이들을 대상으로 교육 프로그램을 진행하러 간 적이 있다. 길이라 할 수 없는 산속을, 그것도 중간중간 웅덩이가 파여 있는 험한 지역을 네 시간 동안 운전해 갔다. 책 한 권 없고, 학교도 도서관도 없는 오지 마을 아이들에게 어떻게 하면 짧은 시간 안에 동기 부여를 할 수 있을까 고민했다. 아이들이 말은 이해하지 못해도 영상을 보며 이해하고 감동받을 수 있는 영화를 보여주기로 했다. 그 아이들은 영화 자체를 본 적이 없었다. 전기도 수도시설도 없는 마을이라, 휘발유로 작동하는 발전기와 프로젝터를 준비했다. 차에서 내려 짐을 들고 마을을 가로지르는 길을 가는데, 그곳의 아이들은 마치 예수님을 따르는 무리인 듯 나를 따랐다. 동양인을 처음 보는 듯했다. 아이들뿐 아니라 200여 명의 마을 주민들이 내가 가는 곳마다 나를 지켜보면서 따랐다.

동행한 목사님이 마을 대표와 이야기를 하시고, 음식도 나누었

로완다 시골에서 발전기에 시동 걸려는 모습

다. 날이 저물어 어둑어둑해질 무렵, 나는 프로젝터 빔을 쏠 천막을 세웠다. 가지고 간 하얀 천막을 세우고, 프로젝터를 고정시켰다. 이제 발전기에 가지고 간 연료를 넣고 시동을 걸면 전기가 공급되어 영화를 틀 수 있었다. 주민들은 내가 무엇을 하는지 마냥 신기해하면서 시선을 집중했다. 벌 떼처럼 나무 위에 올라가 우리를 지켜보며 신나하는 아이들도 있었다. 나는 발전기의 레버를 잡아당겨 시동을 걸려고 했다. 그런데 시동이 걸리지 않았다. 30분간 땀을 뻘뻘 흘리고 모기들과 싸우며, 발전기 시동을 걸려고 했지만 아무 소용이 없었다. 오는 길에 길거리에서 산 연료가 가짜였던 것이다. 보기에는 정상 연료 같지만 다른 것을 많이 섞어서 양만 잔뜩 늘린 것이었다.

그날 밤, 동네 주민들은 내가 뭘 하려고 했는지 끝까지 이해하지 못했다. 너무나도 허무했다. 출발하기 전에 그 연료로 발전기를 돌려보고 왔어야 했는데……. 항상 구입해서 쓰던 길거리 연료가 그 날도 같은 성분이고 발전기를 당연히 돌려줄 것으로 추측했던 것이 잘못이었다.

추측은 위험을 불러일으키기도 하고 많은 사람들의 실망을 유발하기도 한다. 언제 어디서 무엇이든 예상치 못한 일이 발생할 수 있다고 전제하면, 실망도 위험도 줄일 수 있다. 특히 중요한 일, 큰 일, 숙원사업의 일을 할 때면 반드시 나에게 질문할 필요가 있다. "Are you sure you are not assuming?(추측이 아닌 게 확실한가?)" 오늘 나는 늘 하던 대로 또 추측하면서 일에 임하는 건 아닌가.

Is it the outcome or the process?

2009년 5월 31일 저녁, 에어프랑스 Air France 447편은 여느 때처럼 브라질 리우데자네이루를 출발하여 프랑스 파리로 향하고 있었다. 이륙한 지 3시간 45분이 지났을 때다. 이 에어버스 Airbus A330 비행기는 칠흑같이 어두운 대서양 밤바다 상공 고도 10킬로미터에서 심한 난기류와 결빙 icing 지역으로 들어가게 된다. 세 개나 붙어 있는 피토 튜브 pitot tube (속도계측장치)들에 얼음이 달라붙기 시작하면서, 각각의 속도측정계가 컴퓨터에 보내는 속도 정보가 달라진다. 자동항법장치 autopilot가 자동으로 꺼지면서, 비행기가 난기류에 의해 움직이자 기체가 기울기 시작한다.

오른쪽 조종석에 앉아 있던 1번 부기장은 조종석 옆에 붙어 있는 조이스틱 조종간을 이용해 비행기 자세를 교정한다. 하지만 눈 앞의 계기판 속도계들이 각각 다른 속도를 보이자 혼란스러워진다. 속도가 줄고 있다고 생각해 엔진 출력을 더 주기도 하고, 속도가 너무 빠르다 싶으면 상승도 해본다. 그러다가 실속 경고가 뜨자 전체적인 상황을 판단하기 힘들어진다. 그때 기장은 조종실 뒤에서 쉬고 있고, 2번 부기장은 왼쪽에 앉아 조이스틱을 컨트롤하고 있었다.

에어버스의 조종간은 왼쪽, 오른쪽에 각각 따로 조이스틱이 달려 있다. 그러나 보잉사의 비행기처럼 양쪽 조종간들이 기계적으로 연결되어 있지 않아, 한쪽에서 조종간을 만지는 것을 건너편의 조종사가 손으로 느끼지 못한다. 다만, 두 조종사가 동시에 다른 방향으로 조종간을 만지면 듀얼 인풋dual input이라는 경고음이 나온다. 그게 아니라면, 누가 어떤 방향으로 조종간을 틀고 있는지 말로 하지 않을 경우 알 수 없다. 사실, 조종은 항상 한 사람이 하는 것이 원칙이다. 조종간을 잡는 사람이 "제가 조종합니다I have the plane/I have the control"라고 말하면, 반대편 조종사는 조종간을 잡지 않는 것이 맞다. 조종간을 넘겨줄 때는 언제나 이렇게 구두로 신호를 주어야 한다.

그런데 두 조종사는 그와 같은 임무교대 없이 각자 조종간을 만지고 있었다. 칠흑 같은 밤에 갑자기 난기류를 만나 비행기가 심하게 흔들리고 속도계들이 제각각인 데다, 자동항법장치가 꺼지고 이런저런 경고음이 나오는 상황이다. 아무리 훈련이 잘된 조종사라도 인간이기에 인지과부하가 오고 생각지도 못한 실수를 하게 되는 것이다.

기체가 비정상으로 움직이자, 2번 부기장은 기장을 호출한다. 기장이 조종실로 달려와 상황을 살피지만 이미 시간이 너무 지체되었다. 오른쪽에 앉아 있던 1번 부기장은 계속되는 하강을 확인하며 기체를 상승시키기 위해 조이스틱을 뒤로 계속 젖히고 있었다. 왼쪽의 2번 부기장 또한 이런저런 판단을 하며 조종간을 조작하는 사이, 두 조종간의 컨트롤이 불일치한다는 경고음이 울린다. 모두가 패닉에 빠져버린다. 잠시 후 바로 상황을 판단한 기장은 두 조종사에게 소리친다. "안 돼! 기수를 올리지 마!!" 그러나 21세기 최첨단 컴퓨터로 무장하고 228명을 태우고 가던 에어버스 비행기는 순식간에 대서양 한가운데에 그대로 추락하고 만다. 결과는 전원 사망.

이 사고는 항공 역사에 크나큰 충격을 준 사건이다. 이 사건 이

후로 항공기 제작사인 에어버스와 운영사인 에어프랑스, 그리고 프랑스는 물론 전 세계 항공국에도 여러 분야에 수정이 가해졌다. 특히 조종사 훈련 프로그램 수정이 불가피했다.

처음에는 자동항법장치 자동 해제 같은 미미한 경고로 시작했지만 결국 실속 경고로, 그리고 곧 강하율sink rate 경고로 이어졌다. 지면 경고terrain warning를 마지막으로 그 비행기는 레이더에서 사라져버렸다.

이 사고는 유명 대학 교수의 경영 수업에서도 다루어지고, 많은 기업 조직 강연자들을 통해 자주 소개되었다. 주요 시사점은 두 조종사 간에 누가 조종간을 잡고 있는지 정확한 소통이 안 되거나 적절한 임무교대가 안 될 때 얼마나 큰 사고가 일어날 수 있는지다. 또 다른 시사점은 낮에 자기 눈으로 직접 보면서 판단할 때와 달리, 아무것도 보이지 않는 캄캄한 밤에 오작동하는 최첨단 컴퓨터 기계들을 보면서 과연 무엇을 믿고 판단하고 결정해야 할지에 관한 것이다.

이 사건은 사고 시점인 2009년부터 블랙박스가 발견되는 2011년까지 수많은 음모론이 범람하기도 했다. 블랙박스에서 얻은 운항 자료를 복구해서 분석하자 의문에 휩싸였던 실마리들이 풀리면서 정확한 사건 경위가 낱낱이 밝혀졌다. 사고의 원인은 연속적인 실수에 있었다.

첫째, 폭풍우로 들어가는 상황을 알고서도 기장은 두 명의 부기장들에게 비행을 맡기고 쉬러 가버렸다. 둘째, 2번 부기장은 여러 속도계들이 일치하지 않는 상황이었을 뿐인데, 조종 자체가 불능이라고 착각했다. 이때 오류가 생긴 속도계들을 무시하고 다른 계기들, 특히 자세계와 고도계를 관찰하며 기본 비행에 충실했다면, 상황은 완전히 달라졌을 것이다. 셋째, 1번 부기장이 조종간을 잡을 때 정확히 "내가 조종합니다"라는 말로 확인하지 않아서, 2번 부기장은 그것을 몰랐다. 넷째, 실속으로 인해 기체가 수직낙하를 하는 상황에도 2번 부기장은 기수를 계속 높여 고도를 높여보려고 했다. 다섯째, 조종실로 들어온 기장이 부기장들로부터 상황 브리핑을 받지 못하고 있다가, 2번 부기장이 조종간을 계속 당기고 있었다는 말을 했을 때에야 비로소 상황을 판단했다. 실속으로 인해 비행기가 급하강하는 걸 알게 된 후, 기수를 내리고 비행 속도를 다시 살려야 한다는 것을 깨달았지만 너무 늦어버렸다. 다섯 개의 실수 중 단 하나만이라도 일어나지 않았다면, 이 비행기의 운명은 달라졌을지 모른다.

세 명의 조종사들은 자신들의 비행기가 고도 10킬로미터에서 비행을 멈추고 바다 수면까지 수직으로 자유낙하를 할 때, 빠르게

PART 4 · 실패를 배움으로 바꾼다는 것

떨어지는 고도 수치를 보며 얼마나 절망했을까? 그날 폭풍을 만나지 않았거나, 속도계 세 개가 각기 다른 정보를 주지만 않았다면 어땠을까 가정해볼 수 있지만, 폭풍은 그즈음 그 지역에서 자주 발생하는 것이었다. 속도계 오류나 일반적인 계기의 오류는 워낙 훈련을 많이 했을 터이므로, 직접적인 이유라고는 보기 힘들 것이다. 이날 조종실에서 아무것도 건드리지 않고 기본적으로 기체 평형만 계속 유지하고 있었어도 작은 계기 오류 해프닝으로 끝났을지 모른다.

－－－

비행 원칙 제1항으로 '기본 비행을 하라 Fly the plane!'는 말을 많이 한다. 복잡한 상황일 때는 그저 기본에 충실한 비행을 하고 다른 것들은 나중에 걱정하라는 말이다. 그런데도 에어프랑스 447 같은 안타까운 사고가 난 것을, 배우는 학생의 입장에서 나름대로 해석하면, 항공사마다 다르겠지만 조종사 양성 훈련이 시험 통과 중심으로 이루어져서 그렇지 않나 싶다. 짜인 계획대로 훈련하고, 알려진 상황을 잘 연습해서 잘할 수 있음을 보여주고, 정해진 시간을 채워 최종 시험에 합격하면 자격이 주어지기 때문에 그런 게 아닐까? 사실 채워진 시간들이 얼마나 알차게 채워졌는지는 판단할 기준이 없다. 다른 분야도 그렇겠지만, 항공에서 자격증의 의미는 모두 '더 배울 수 있는 자격 부여증'이다. 기본 파일럿 자격증은 앞으로 본격적으로 비행훈련을 스스로 하며 끊임없이 비행을 더 배워나갈 수 있는 자격증이다. 계기비행을 수료했다는 것은 앞으로 시야가 좋지 않은 상황에서도 비행훈련을 하면서 더더욱 안전한 파일럿이 되도록 배울 수 있는 자격을 부여한 것뿐이다. 상업용 파일럿 자격증은 상업용 비행기를 잘 조종할 수 있음을 증명하는 것이 아니다. 앞으로 더욱 철저한 법규에 따라, 더욱 신중하며 안전하게 비행하는 과정을 통해 더 배워나갈 자격인 것이다. 이처럼 어떤 과정을 수료했음은 그만큼 더 배우겠다는 의지에 대한 허가라고 보면 된다. 누가 어떤 분야에서 박사학위를 받았다고 완벽한 경지에 올랐다고 보지는 않는다. 박사라면 이제 그 분야에서 스스로 연구하며 더욱 공부할 수 있는 기본 능력을 갖추었다고 보는 것처럼, 좀 더 배울 수 있는 기본 능력 정도를 갖추었다고 보는 것이다. 그렇게 한 단계 한 단계 나아간다는 것은 더욱 배우겠다는 의지의 표현이다. '이제 드디어 나는 어떤 경지에 도달했다'고 믿는 것은 절대로 바람직한 자세가 아니다. '나는 이제 더 배울 수 있는 학생이다'라고 생각하는 자세가 올바르고, 그 계속되는 배움에서 행복을 찾을 수 있다.

일상에서 돈을 벌기 위한 직장을 좇을 것이냐, 삶의 영양소를 얻을 꿈을 좇을 것이냐로 갈등하는 사람들이 있다. 꿈을 추구하는 경우라면, 내가 그 분야에서 학습과 경험으로 얻으려는 것이 단순히 어떤 과정의 통과나 시험 합격만이 목표가 아닐 것이다.

한 분야에서 전문성이 있다는 것은 익숙지 않은 새로운 문제들이 계속 발생해도 늘 일관되게 대처해가는 능력을 갖추었다는 뜻이다. 정해진 숫자로 채워진 시간과 시험 통과를 목표로 했을 때는 이런 능력을 얻기가 힘들다. '상황과 문제 판단의 점진적 성숙'을 높이는 경험 훈련을 통해 비로소 그런 경지에 도달할 수 있다.

사람은 배우고 경험해서 무엇을 잘하게 된다 하더라도, 끊임없이 배우고 계속해서 경험해야 한다. 본인은 잘 알고 잘할 수 있다고 믿어도 하루하루 시간이 지나면 점점 잊어버리고 실행력도 도태된다. 오래 기억에 남는 것들은 오직 감정적인 것들이다. 예를 들면 자신감 같은 것들. "전처럼 잘할 줄 알았는데, 생각보다 잘 안 되네"라고 말할 때처럼 말이다. 항공에서는 자신감만 남은 채 중요한 사항을 잊어버리거나 능력이 도태되면 매우 위험하다. 그래서 끊임없이 배우고 훈련하는 것만이 옵션이다. 그러지 않으면 끝없는 추락뿐이다.

끊임없는 배움과 훈련을 즐기고 행복해하지 않는다면, 분명 그 분야는 내게 단지 직업일 뿐 인생을 걸 만한 꿈이 아닐 것이다. 무엇을 하든 열정에 따라 꿈을 좇는 일이라면, 남들이 인정하는 시간을 채우거나 시험 합격에 목표를 두지 말자. 그래서 얻은 자리나 위치는 오히려 독이 될 수 있다.

내가 가진 큰 꿈이 있고, 인생을 걸고 추구하고자 한다면, 경지에 이르는 것을 목표로 하자. 그러려면 시간을 빨리 채우려 하기보다, 의미 있는 시간이 되도록 정성을 들여야 한다. 너무나도 소중한 한 시간 한 시간을 체험하면, 계획한 시간이 너무 빨리 채워질까 봐 아까워하며 시간이 더 천천히 가기를 바랄지도 모른다.

오늘도 나의 꿈을 이루기 위해 정진하고 있다면, 외부적으로 보이는 졸업장, 직위, 명함, 또는 상장에 연연할 필요가 없다. 점점 성숙한 경지에 도달하고 있음에 만족하면 되는 것이다. 내 인생에서 노력에 대한 진정한 보상은 어떤 단계를 마쳤음을 보여주는 점수score가 아니라 진전progress이다. 즉 끊임없는 배움과 성찰을 통한 진전이 나의 맥박이고 살아 있음을 나타내는 신호다.

인위적으로 나의 고도를 높여 오르려고 하면 실제로는 서서히 추락하게 될지 모른다. 또는 다 올랐다고 생각했을 때 바로 하강 상태에 접어들 수도 있다. 기본에 충실해서 과정을 시작할 때부터 행복감을 얻을 수 있다면, 지난한 과정도 즐겁고, 경지에 도달했을 때도 뿌듯하지 않을까? 그래서 오늘도 뭔가 노력하고 있다면 진지하게 자신에게 질문할 필요가 있다. "Is it the outcome or the process?(결과인가? 과정인가?)"

야간 비행을 떠나기 전

part

5

현명하고 가치 있게 산다는 것

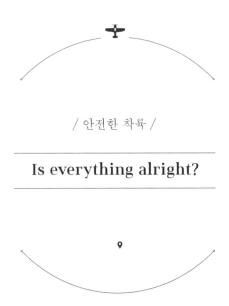

Is everything alright?

비행기 조종의 꽃은 착륙이라는 말이 있다. 기껏 비행을 잘하고 마지막 지점에서 사고가 나거나 위험하게 착륙하는 경우가 종종 있기 때문이다. 활주로 전구를 깨먹거나 기우뚱하게 내려오다가 한쪽 날개가 땅에 닿아 찌그러지는 등 어떤 형태라도 형편없이 착륙해버린다면, 그날 비행 전체에 대한 기분이 망가지기 일쑤다. 반대로 비행이 좀 좋지 않았어도, 기가 막히게 멋진 착륙을 했다면 전체 비행에 대한 스스로의 평가는 훨씬 높아질 것이다. 비행을 시작할 때는 누구나 안전하고 기분 좋게 비행해서 목적지에 잘 도착하기를 희망하며 이륙한다. 착륙 없이 이륙만 하는 파일럿은 없다. 다만 비행의 역사를 보면, 단 몇 분이나 몇 초 앞을 보지 못하고 끝나버린 비행 기록들이 있다. 내 의지와 상관없이 끝나버리는 여행은 얼마나 안타까운가?

2018년 4월 16일, 비치크라프트 버낸저 Beechcraft Bonanza 라는 비행기가 플로리다를 향해 날아가고 있었다. 옆에 지인을 한 명 태운 67세의 파일럿은 부둣가에 요트가 떠 있는 멋진 야외 레스토랑에서 식사할 생각이었는지 모른다. 비행 경력 시간이 2,300시간을 넘는 데다 쌍발엔진·상업용 조종사 자격증까지 소유한 이 파일럿은 고도 4,000피트에서 여느 때처럼 계기비행을 하고 있었다. 오하이오주 상공에서 남하하는 비행기 안에서 조종사는 주위 날씨가 그다지 좋지 않다는 걸 깨달았다. 아니나 다를까, 비행기 날개에 얼음이 달라붙기 시작한 게 보였다. 얼음이 동체나 날개에 심하게 달라붙으면 일반적으로 비행기는 양력을 잃고 추락하기 마련이다. 어떤 조치를 취하지 않으면 급속도로 위험해진다. 보통 이런 상황에서는 기수를 낮추어서 기온이 영상인 고도로 내려와야 한다.

조종사는 바로 관제사와 교신하고 고도 3,000피트로 내려온다. 그런데 관제사에게는 고도 3,000피트라고 말했지만 실제로는 비행기가 2,700피트까지 내려온 것을 보고, 관제사는 조종사에게 괜찮냐고 묻는다. 그러자 조종사는 바깥 온도가 상온 4도라며 괜찮다고 말한다. 아마도 그 정도면 붙어 있던 얼음들이 녹으리라 생각했을 것이다. 조종사는 전에도 비슷한 경험을 했고, 이번에도 그다지 큰 문제가 없으리라 여겼다. 관제사는 그 지역에서 충돌 없이 안전 비행이 가능한 최저 고도가 2,900피트라고 말해준다. 고도만 바로 높이면 되는 상황이기에 관제사도 차분하게 조언한다. 그래도 관제사 레이더 시스템에서는 충돌 위험을 알리는 경고음이 열심히 울리고 있었을 것이다.

그런데 어찌 된 일인지 비행기는 2,200피트로 더욱 하강한다. 관제사는 조종사가 착륙할 생각인지, 아니면 다른 문제가 생긴 것인지 의아해 다시 교신해서 괜찮냐고 묻는다. 조종사는 "다 괜찮다Everything is under control"라고 말한다. 하지만 곧바로 비행기는 관제사의 레이더에서 사라진다. 구름에 가려서 보이지 않았던 산과 충돌한 것이다(그 산은 최저 안전 고도 아래에 있었다). 조종사와 함께 탑승객 역시 그 순간 운명을 달리했다.

이런 상황을 CFIT Controlled Flight Into Terrain 사고라고 한다. 즉 비행기에 기계적 문제가 없는 상황에서 조종사가 바로 앞의 위험을 인지하지 못해 순식간에 지면과 충돌하는 상황이다. 몇 분 전만 해도 따뜻한 플로리다 해변의 바람을 맞으며 여유로운 시간을 즐기리라 기대했을 텐데, 두 사람은 너무나도 허무하게 이 세상 레이더에서 사라졌다. 사실 이때 조종사는 "메이데이! 메이데이!"를 외치며 당장 어떤 도움이라도 받아야 했다. 그런데 왜 괜찮다고 했을까? 일상의 대화를 생각하면 이해되는 측면이 있다. 누가 나에게 "괜찮아?" "잘 살고 있어?" "정말 괜찮은 거야?"라고 묻는다면, 나도 아마 무의식중에 "응, 괜찮아"라고 답할 것이다. 매일매일 줌 회의를 시작하며 의식적인 인사로 "How are you doing?"이라고 물으면, 90퍼센트의 사람이 자동으로 "Fine. How about you?"라고 대답하는 것처럼 말이다. 하지만 비행 상황이라면? 앞쪽의 산이 구름에 가려 있어 괜찮다고 한 것인지, 지금 날개에 얼음이 조금 달라붙어서 훨훨 날기는 좀 불편하지만 곧 괜찮아질 거라 생각해서 그랬던 것인지 알 수 없다. 관제사는 위험을 알고 있었고 기수를 들어 고도를 높이라고 했지만, 조종사는 그렇게 하지 못했을 것이다. 날개에 달라붙은 얼음들이 날개 상부 공기 유속을 방해해서 비행기 양력이 빠르게 떨어졌을 터이므로. 그때 조종사가 처한 상황은 절대로 괜찮지 않았는데, 왜 2,300시간 이상 비행한 파일럿이 괜찮다고 한 걸까?

—

인생에서 앞으로 다가올 위험의 사전 신호를 만날 때가 있다. 신체검사를 하다가 위장이나 대장에서 작은 종양을 발견하고 떼어낼 때가 그런 경우다. '앞으로 주의해야겠구나' 하는 경각심이 절로 든다. 하지만 병원 가서 뭔가 발견될까 봐 두려워 '다 괜찮겠지' 하며 사는 사람도 있다. 인생에서도, 비행에서도 막연한 희망은 전략이 될 수 없다. 그런데도 많은 경우, 내일도 오늘과 다름없으리라 생각하며 산다. 이륙을 했으면 꼭 안전하게 착륙해야 한다. 건강을 돌보지 않으면서 막연히 괜찮겠지 생각하며 사는 건 착륙 준비 없는 비행처럼 무모하다. 우리 모두는 이륙을 잘했기에 여기까지 왔다. 비행의 중간 지점에 있든 공항이 눈앞에 보이든 착륙에 대해 한 번쯤 심각하게 고민해야 한다.

스탠퍼드에서는 다른 직장에서 볼 수 없는 장면이 있다. 은퇴 시기를 각자 결정하기 때문에, 보통의 은퇴 시기를 훨씬 넘긴 나이 든 교수들이 계속 학교에 나오기도 한다. 남의 도움 없이는 본인 강의실도 잘 찾아가지 못하는 노교수도 있지만, 젊은 사람들 못지않게 테니스나 스쿼시 같은 활동적인 운동을 열심히 하며 하루하루를 활력 있게 사는 분들도 있다. 회의를 할 때도 한 말을 자꾸자꾸 또 하는 분이 있는가 하면, 각종 암과 노환을 다 극복하고 돌아와 엄청난 내공의 지혜를 쏟아내는 분도 있다. 이제 그만하라는 은퇴 정년이 없기 때문에, 끝까지 일하다가 하나둘 떠나간다. 20년 동안 재직하면서, 함께 미팅하던 교수들이 한 분 한 분 돌아가셨다는 소식을 접하면 우울하기도 하다. 이 길을 계속 가다 보면, 우리 모두에게도 결국은 똑같은 차례가 올 것이라는 확실한 메시지를 지속적으로 받는 것이다. 그럼에도 방을 미리 정리하거나 비우고 떠나신 분은 드물었다. 대부분 반세기 동안 모은 수많은 책, 연구 자료, 학생 논문, 더 이상 읽을 수도 없는 오래된 컴퓨터 디스크, 여기저기서 수없이 받은 감사패와 표창장 등 엄청난 양의 물품들이 연구실에 그대로 남아 있다. 보통은 가족들이 와서 정리하는데, 대부분의 물품들은 자녀들이 원하지 않는다. 청소 업체가 와서 커다란 휴지통에 무작위로 던져 넣어 모두 폐기처분된다. 그것들이 엄청난 양의 쓰레기 더미에 깔려 반영구적으로 매장될 것을 생각하면 씁쓸하고 허무하다.

그렇게 갑작스러운 헤어짐을 연달아 겪다 보니, 나는 미리미리 잘 준비해야겠다는 생각이 들었다. 내가 버려도 될 물건들을 가족이 버리거나, 버릴지 말지 고민하게 만들고 싶지 않았다. 학교에서 마침 교수 연구실을 새 건물로 옮긴다는 소식을 듣고 이때다 싶었

예전 연구실 모습. 지금은 모두 버리고 없다.

다. 그동안 갖고 있던 책들과 전 세계를 돌며 받았던 선물 등을 주변 사람들에게 주거나 버렸다. 코로나 팬데믹이 오니 학교 연구실이 무의미해지기도 했다. 책과 자료는 클라우드에 있고 어차피 모든 수업과 회의는 온라인으로 진행되므로, 불편하기보다 오히려 새로운 것을 계속 시도하며 산다는 느낌이 들었다.

평소 강의 마지막에 학생들에게 묘비를 보여주며 묻곤 했다.

"사람은 누구나 자기 생일은 알지만 사망일은 알지 못합니다. 묘비를 보면 생일과 사망일 사이에 줄이 있지요? 이 줄을 뭐라고 하지요?"

학생들이 '대시 dash'라고 답하면, 나는 기다렸다는 듯 말한다.

"맞아요. 인생은 그저 대시입니다 Life is just a dash."

간단히 한 줄로 표현되는 인생을 어떤 의미 있는 일들로 채울 것인지 물어본다. 내가 전하고자 한 메시지는 '잘 마치려면 잘 계획하고 준비하라는 것'이었다.

인간의 유한성을 인정하는 시기가 다가오면, 점차 정리할 것과 채울 것을 나눠야 한다. 특히 삶을 의미 있는 것으로 채우고 싶다면, 그만큼 삶 속에 공간을 확보해야 한다.

"How are you?"라는 인사는 매일 수도 없이 듣고, "Fine. How about you?"라는 대답도 별생각 없이 많이 하지만, 언제 단 한 번이라도 정말 괜찮은지 돌아보았던가? 앞으로 나의 인생을 어떻게 잘 착륙시킬지 생각해보았던가? 앞으로는 자동적으로, 그저 기계적으로 괜찮다는 말은 하지 말자. 내 인생을 아낀다면, "괜찮아"라는 말은 절대로 그리 쉽게 나올 수 없다. 안 괜찮아도 된다. "안 괜찮아"라고 말해도 된다. 안 괜찮다고 말하고, 도움을 받아도 된다. 그러니 이 질문에 다시 생각해보자. "Is everything alright?(정말 괜찮은가?)"

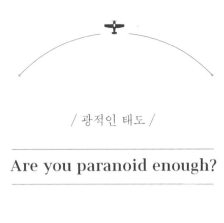

/ 광적인 태도 /

Are you paranoid enough?

파일럿 훈련을 시작하고 얼마 되지 않아, 처음으로 솔로solo 비행을 하는 상황이었다. 비행시간이 총 30시간이 되지 않았을 때였다. 공항에서 착륙을 약 100번쯤 연습하고 나서 처음으로 혼자 비행기에 앉아 교관 없이 착륙을 세 번 해야 하는 날. 파일럿 훈련 과정에서 아주 중요한 첫걸음이다.

공항 활주로로 접근하는 과정은 괜찮았다. 그런데 바람이 평소보다 많이 불었다. 활주로에 다가가자 바람이 바뀌어서 측풍이 슬슬 불기 시작했다. 내가 조종하는 비행기는 활주로를 슬슬 벗어나고 있었다. 활주로에 접근해서는 돌풍까지 살짝 생기면서, 비행기가 갑자기 급하강했다. 지금이야 그다지 놀라지 않겠지만 당시에는 왕초보라 엄청 당황했던 것 같다. 무의식중에 조종간을 바로 확 당겨 급상승을 시도했는데 동시에 엔진 출력을 올리지 않으니 비행기가 점점 실속에 가까워졌다. 회전낙하spin 직전으로 이어지던 비행기는 활주로를 벗어나 날개부터 그대로 땅에 곤두박질할 상황이었다. 전체적으로 보면 아주 짧은 시간에 이 모든 일이 일어났다.

　머릿속으로 많은 생각이 지나갔다. 그래도 교관이 나 혼자 잘할 수 있으리라 판단해서 승인해주었는데……. 일생일대 최초로 멋지게 혼자 이착륙 세 번을 하고 돌아오면 기분 좋게 집으로 돌아갈 수 있었는데, 왜 하필 이 시점에 난감한 상황이 닥칠까? 활주로 멀리서 추락하기 일보 직전의 나를 바라보는 교관의 심정은 어떨까? 교관이 솔로 비행을 승인했는데 못난 학생이 바로 비행기를 곤두박질시키면 어떻게 감당할까? 그렇게 사고로 이어져 내가 구급차에 실려 응급실로 가면? 별의별 생각이 다 떠올랐다. 비행할 때 항상 위험 상황을 예측하고 준비하더라도 그런 상황은 순식간에 찾아온다. 아무리 비행을 많이 해도 매번 비행이 다른데, 초보일 때는 약간만 상황이 달라져도 당황하지 않을 수 없다. 그래도 난 가까스로 더 늦기 전에 엔진 출력 레버를 쭉 밀어 넣어 출력을 최대로 높였다. 다시 착륙하기 위해 복행을 시작했다. 공항을 돌아 이번에는 안전하게 비행기를 착륙시키고, 곧바로 두 번 더 돌아 착륙시킨 다음에 주기장으로 돌아왔다.

첫 실패 후에 그대로 돌아가면 다시는 안 탈 것 같았다. 그래서 바로 두 번 더 이착륙을 해서 나 혼자 해낼 수 있다는 확인 도장을 꾹 찍고 싶었다. 그렇게 세 번 착륙하고 내리자마자 교관을 찾았는데 그가 안 보였다. 첫 착륙 시도에서 비행기가 기우뚱하며 위험한 상황이었는데도 내가 스스로 복행하는 것을 보고 더 이상 지켜볼 필요 없다며 들어가 버렸다는 것이다! 나는 하늘에서 혼자 별별 생각을 다했는데…… 더욱이 나 때문에 교관님 심장이 멈출까 봐 걱정했는데 괜한 걱정이었다.

파일럿이라면 많이 듣는 말이 있다. "끝날 때까지는 끝난 것이 아니다." 아무리 위험한 상황이 닥치더라도, 불가능할 것 같아 보이는 상황이더라도 절대로 조종간을 놓으면 안 된다. 땅에 불시착하고 미끄러져 가더라도 불시착해서 추락하다가 나무에 부딪쳐서 날개가 부러져도, 엔진에 불이 나서 비행기 바닥이 녹아내려도, 그러다가 신발에 불이 붙어서 소화기로 불을 껐는데 신발과 내 발이 다 탔더라도, 절대로 끝날 때까지 끝난 것이 아니므로 눈 감고 포기하지 말라는 뜻이다. 아무리 상황이 최악이고 이미 귀환 불능 지

파이퍼 체로키 아처를 타고 귀항

점 point of no return을 지난 것 같아도, 그럴수록 눈을 더 부릅뜨고 비행기가 완전히 멈추어 설 때까지는 절대로 조종간을 놓지 말라고 강조한다.

—

나의 솔로 경험은 혼자만의 작은 에피소드로 끝났지만, 실제 항공 역사를 보면 수백·수천 배 더 위중한 상황들이 있었다. 그중에는 위기를 감동적으로 피해 간 사건도 있고, 엄중한 사고의 피해를 최소한으로 줄인 기적적인 일들도 많았다. 그래서 간혹 항공 사건을 들여다보고 있으면, 엄청난 인간 승리의 교훈을 느끼게 된다. 그중에서도 위기를 눈앞에 두고 '생존 survive만이 유일한 옵션이라면, 죽도록 살고자 해야 한다'는 교훈을 주는 사건들이 있다. 그런 이야기들은 '회생은 집착이나 열정 또는 단순한 노력으로는 되지 않는다'는 메시지를 전한다. 1989년 7월 19일 오후 유나이티드 항공 United Airlines 232편 비행기도 그런 사건을 겪었다.

제너럴 일렉트릭 General Electric 사의 엔진 세 개를 장착한 DC-10 기종으로 덴버를 출발한 비행기는 시카고로 향했다. 약 1시간 후 고도 11킬로미터 상공에서 갑자기 뒷날개에 달린 3번 엔진이 폭발하여 날개가 손상되고 만다. 그뿐 아니라 비행기의 전체적인 자세를 잡고 상승과 하강을 하는 뒷날개 엘리베이터와 좌우로 턴을 가능하게 하는 앞날개 에일러론aileron을 구동하는 유압hydraulic 시스템의 주요 밸브들이 함께 부서졌다. 그 결과, 유압기름이 새어나가면서 이때부터 비행기 조종 자체가 불가능해져 버린다. 즉 조종간을 좌우 앞뒤로 아무리 움직여도 비행기가 전혀 반응하지 않는 최악의 상황이 벌어진 것이다. 하늘에서 비행기 조종간이 완전 무용지물이 되다니! 그럼 도대체 무엇으로 비행기를 조종할까?

그날 비행기에는 기장과 부기장을 포함해 296명이 타고 있었다. 마침 비번이라 승객으로 타고 있던 교관이 조종실로 달려 들어왔다. 조종실에서 항공기관사까지 포함해 네 명의 에어맨airman들은 함께 고민에 들어간다. 조종간이 말을 듣지 않는 비행기를 이제 어떻게 할 것인가? 이 비행기에 있던 세 개의 엔진 중 뒷날개 엔진은 완전히 파손되었으나, 다행히도 양 날개에 붙어 있던 엔진은 열심히 돌아가고 있었다. 기장은 기지를 발휘해 이 세상 아무도 해보지 않았던 매우 창의적인 시험을 해본다. 그는 엔진 출력을 조정해 비행기가 오른쪽, 왼쪽으로 회전할 수 있는지 시험해보았다. 놀랍게도, 왼쪽 엔진의 출력을 살짝 줄이면 비행기가 왼쪽으로 선회하고 오른쪽을 살짝 줄이면 오른쪽으로 선회했다. 그렇게 양쪽의 엔진 출력을 조심스레 조절해서 비행기가 선회할 수 있는 방법으로 2시간 동안 이 비행기는 여섯 번의 선회를 하게 된다. 그리고 마지막으로 비행기는 아이오와주 수시티Sioux City의 공항 활주로로 향했고, 양쪽 엔진의 출력을 동시에 줄이자 비행기는 하강하기 시작한다. 기장은 어떤 일이 있어도 도시 방향으로 들어가 추락하는 것은 막아야 한다고 강조한다. 하강 속도는 아직 시속 380킬로미터 정도로 너무 빠르다. 비행기는 초당 10미터씩 땅으로 떨어진다. 유압 시스템이 망가져서 속도를 줄일 수 있는 플랩이 꿈쩍도 하지 않는다. 비행기는 활주로로 빠르게 다가가고 있지만, 일반적인 착륙 준비 조건이 맞지 않는 것이다. 즉 비행기를 조종할 다른 어떤 방법도 없고, 유압 시스템과 상관없는 엔진 출력 조절만이 가능한 상태다. 그래도 네 명의 에어맨은 죽을 힘을 다해 비행기를 지상에 착륙시키려 애쓴다. 어렵사리 비행기 방향을 공항 활주로에 맞추고 접근한다. 물론 하강 각도도 속도도 하나도 맞지 않는다. 하지만 이 시점에는 두려움도 포기도 옵션에 없다.

비행기가 공항에 다다르자, 최종 단계에서 기우뚱하며 오른쪽 날개가 먼저 공항 활주로에 부딪힌다. 날개에 남아 있던 연료가 새어 나오면서 비행기는 곧바로 화염에 휩싸인다. 그럼에도 총 296명 중 조종실의 에어맨 네 명을 포함한 184명이 살아남았다. 네 사람은 모두 직장으로 복귀해 이후로도 비행을 계속했다.

· —

일반적으로 비행기 조종에서는 창의적인 행동을 요구하지 않는다. 교본에 나온 대로 조종하고 훈련받은 대로 대처하게 되어 있다. 파일럿이 비행기를 조종할 때 창의적인 방법을 쓴다는 것은 위험을 자초하는 일이다. 하지만 모든 옵션이 소용없어지고, 교본에 나오는 상황이나 훈련받은 내용이 무의미한 위기 상황이 오면, 그리고 그 위기 상황에서 생존만이 유일한 옵션이라면, 어떤 창의적인 방법을 통해서라도 살아야 한다. 죽도록 살고자 해야 살 수 있는 것이다. 아무리 패색이 짙은 상황에 아무런 옵션 없이 놓여도, 끝날 때까지 끝나지 않은 것임을 마음속에 되새기며 손을 놓지 않으면 결국 살아남는다.

개인 일상에서도 그렇고 일터에서도 그렇다. 살다 보면 모든 문제 해결 방법이 무용지물이 되고 '이제는 정말 끝났다' 싶을 때가 있다. 그럴 때는 눈 감고 포기하는 것이 아니라, 이 세상에 존재하지 않고 아무도 시도해보지 않은 창의적인 방법을 찾아야 한다. 그런 상황에서 살아남는 사람이나 조직은 특별히 남들보다 운이 좋거나 똑똑해서 그런 것이 아니다. 바로 그들의 태도가 그들을 살아남게 한다. 결국 이 세상의 모든 운명은 태도에 따라 정해진다.

인텔Intel의 공동 설립자 앤디 그로브Andy Grove는 "편집광만이 살아남는다Only paranoid can survive"라는 말을 남겼다. 집착obsessed 정도로는 안 되고 편집광 정도는 되어야 실패가 실패가 아니고, 살아남아 계속 성장할 가능성이 있다는 말이다. 우리말에 "죽기 살기로 하면 된다"라는 말이 있는데, 영어에도 'die trying'이라고 최대한 계속 시도하면서 죽으라는 말이 있다. 가끔 젊은이들과 이야기하다 보면 안타깝게도 무엇을 '죽을 만큼 원하거나, 죽을 만큼 이루고 싶은 것이 없다'는 말을 듣게 된다. 그냥 '이것저것 좀 되었으면, 또는 가졌으면, 이루었으면 좋겠다' 정도로 생각한다는 것이다. "취업이 되면 좋고, 뭐 창업도 하면 좋긴 하겠지만, 제일 좋은 건 건물주"라는 말을 들으면 너무나 안타깝다. 건물주를 원하면서도 그것을 죽도록 원하고 노력해서 이루려는 생각은 없기 때문이다. 사회적으로 어떤 큰일을 이룬 사람들을 보면, 대부분 어떤 엄청난 기술 덕분이라기보다 그 자신의 철학과 태도가 이루어낸 결과다.

정말 원하는 것을 앞에 두고 생각할 때 "충분히 집착하고 있나?Are you obsessed enough?" 정도로는 부족하다. 인류는 위기를 통해 발전한다고 말한 인텔의 공동 설립자 앤디가 오늘 우리에게 물을 것 같다. "당신은 오늘 살아남을 만큼 삶에 대해 충분히 광적입니까?" 그래서 우리 자신에게 물어볼 필요가 있다. "Are you paranoid enough?(충분히 광적인가?)" 'Yes'라는 답이 나오지 않는다면, 어쩌면 그것을 그렇게까지 원하지 않는다는 뜻이다. 그렇다면 그것을 갖지 못해도 아무도, 아무것도 탓할 수 없다.

Who can help you?

"Nobody helps you."

가족들이 다 같이 저녁 식사를 할 때면 아버지는 이렇게 말씀하시곤 했다. 그때마다 나는 "네, 잘 알겠습니다"라고 대답했다. 어려서부터 아버지는 힘든 일과를 마치고 저녁 식사와 함께 약주 한 잔 하실 때면 꼭 저렇게 영어로 말씀하셨다.

우리 집은 인천 부평이었다. 내가 어릴 때는 미군 기지가 있어서 미군 부대 트럭이 길거리를 지날 때면 "헬로, 헬로! 기브 미 껌!"을 외치며 따라다녔던 기억이 난다. 미군들은 트럭에서 껌이나 초

콜릿을 아이들에게 던져주곤 했다. 주변에 미군이 사는 집들도 많아서 동네 사람들도 영어 몇 마디쯤은 할 줄 알았다. 아버지의 영어 문장은 그보다 훨씬 나아서, 당시 내 귀에는 정말로 유창하게 들렸다. 아버지는 근처에 살던 미국 노인 집에 자주 놀러 가셨다. 나의 영어 실력으로는 두 사람의 대화를 알아듣기 어려웠다. 지금 추측건대 그 노인은 미군 장교로 있다가 은퇴해서 한국에서 여생을 보내는 분이었다. 아버지는 내가 태어나기 오래전부터 그와 친분이 있었던 것 같다.

4남매 중 막내였던 아버지는 일곱 살 때 부친을 여의셨다. 큰형님과 작은형님도 아주 젊을 때 병으로 돌아가셨다. 충청남도 서산에서 홀어머니를 모시며 큰형수님 가족과 작은형수님 가족까지 돌보셨다. 6·25 전쟁 후에 대가족이 배를 타고 인천 부평에 정착했다. 그 당시에는 서산과 인천 사이에 차보다 배편이 편했던가 보다. 아버지는 젊어서 다리를 다쳐서 한쪽 다리를 절룩거리며 다니셨다. 아버지 없이 홀어머니와 형님네 두 가족까지 부양하기에는 몸과 마음 모두 많이 힘드셨을 것이다. 어린아이 시절인 일제강점기 때는 사람들을 세워놓고 긴 죽창으로 죽이는 모습도 보셨다고 하니, 이 세상 그 무엇이 두려웠을까 싶기도 하다. 엄동설한에 피난을 다니며 겪었을 고통과 역경은 지금의 세상을 사는 내가 절대로 이해할 수 없는 수준일 것이다. 하늘에서 전투기들이 기관총을 쏘아대 피난길에 죽은 사람들이 널브러져 있어도, 그런가 보다 하며 길을 걸으셨다고 한다.

어느 추운 겨울 저녁, 아버지는 형과 누나를 데리고 동네 산에 올라갔다 오셨다. 왜 나는 안 데리고 갔느냐고 불평했더니, 아버지는 "너는 아직 너무 어리다"라고만 말씀하셨다. 형과 누나의 말에 따르면, 허리까지 쌓인 눈 속을 헤치고 산등성이를 오르며 아버지는 말씀하셨다. "인생 캠프는 이런 거다." 중간중간 한 번씩 소리를 지르고 "난 할 수 있다"를 외치게 했다고 한다. 그렇게 세 사람은 정상까지 올라갔다가 내려왔다. 아마도 아버지는 이 세상이 결코 호락호락하지 않으며 눈길을 헤치고 나아가듯 스스로 개척해 나가야 한다는 교훈을 주시려고 그랬던 것 같다.

아버지는 당신의 큰형님과 작은형님보다는 오래 사셨지만, 안타깝게도 59세에 암으로 세상을 떠나셨다. 100세 시대인 요즘으로 치면 창창한 나이에 가신 것이다. 막내인 나는 아버지를 가장 많이 닮았다는 소리를 들으며 자란 터라, 나 또한 유전적으로 그리 오래 살 것 같지 않다는 생각이 들었다. '오래 살지도 못하는데 두려워하며 살 게 뭐 있나? 해보고 싶은 일은 다 도전해보고, 설사 실패하더라도 기회 자체에 감사하며 살자'고 마음먹었다. 상황은 그대로인데 생각만 조금 바꾸었더니 행복감이 커졌다. 아무리 어렵고 긴장되는 도전이라도 할 수 있을 것 같았다. 도전이 두려울수록 '그래야 내 스타일이지' 하게 되었다. 이런 태도가 불가능해 보이는 것들에 대한 불편함과 두려움을 기꺼이 받아들이게 해주었다.

평소 아버지 말씀 중에 명언이 있다.

"인생이란 건 불편하면 불편할수록 나중에 편해진다. 편한 것만 찾으면 나중에 더 불편해진다."

당시에는 이해하기 힘들었지만, 이제는 공감하지 않을 수 없다. 무슨 일이든 나를 불편하게 하고 나를 두렵게 하는 것이 진정한 도전이라는 생각이 들었기 때문이다. 그런 교훈을 주신 아버지는 내가 만난 최고의 교육자다. 내가 만일 인생의 도전들을 회피하며 살았다면 평생 후회로 남았을 것이다. 기회가 올 때마다 시도했던 도전들이 '이대로 죽어도 후회 없다'는 생각을 갖게 만들었다.

다행이다. 내가 그렇게 살아와서. 두려운 도전을 포기하지 않고 뒤로 숨지 않아서, 나 자신에게 미안하지 않다. 그리고 앞으로 남은 시간 동안 또 어떤 두려운 도전이 기다리고 있을지 기대가 된다.

새로운 도전이 찾아올 때 "Who can help you?(누가 당신을 도와줄 수 있는가?)"라고 묻는다면 나는 대답하겠다. "Nobody helps you(아무도 나를 도울 수 없다)." 오직 나 스스로 도울 뿐이다.

Is now the time to think positively?

"스톨 Stall! 스톨! 스톨!"

이것은 비행기가 양력이 모자라 급하강하거나 옆으로 기울며 떨어져버리는 현상이 일어나기 직전, 파일럿에게 실속 stall이 임박했음을 알리는 경고 메시지다. 에어버스 기종의 경우는 경고음이 자동으로 나오기도 하고, 보잉사의 기종은 조종간이 마구 흔들리게 되어 있다. 작은 비행기의 경우에도 '삐~' 소리가 점차 커져서 조종사가 실속 상황을 인지하지 않을 수가 없다. 대부분 이런 상황에 재빨리 대처하지 않으면, 비행기는 결국 추락한다. 따라서 실속에 대처하는 방법은 파일럿 훈련에서 매우 중요한 부분이다.

파일럿 훈련 후 필기시험에 합격하고 인터뷰 시험을 무사히 통과하면 마지막 관문이 있다. 미국 연방항공청에서 직접 지정한 시험감독관을 비행기에 태우고 실기시험을 보는 것이다. 실기시험은 ACS Airman Certification Standards라는 표준내용과 척도에 의해 시험감독관이 지시한 대로 파일럿이 직접 실행해야 한다. 예를 들어 엔진 문제로 인한 비상착륙 시도, 이착륙 시 발생할 수 있는 실속 대처 기술 등에 대해 직접 시범을 보여야 한다. 여기서 허용되는 오차범위를 벗어나는 경우 시험에서 떨어진다.

시험감독관이 옆에 타서 이것저것 지시하면, 아무렇지 않은 듯 늘 해온 것을 친구에게 보여주듯 실행해야 한다. 하지만 평소에 잘 하던 것도 시험감독관이 갑자기 물으면 당황하게 된다. 무전기로 열심히 교신하는 와중에 시험감독관이 갑자기 툭 질문을 던지면 답이 바로 떠오르지 않는 것이다. 어떤 시험감독관은 일부러 가장 불편한 시간에 자꾸 말을 시킨다. 하지만 이런 상황은 실제로도 일어날 수 있기 때문에, 조종에 방해가 되는 많은 요소들에 대처하면서 가장 중요한 것에 집중하는 습관을 갖도록 연습해야 한다.

실제로 착륙을 위해 활주로 중앙선에 기체를 맞추고 하강하고 있을 때 갑자기 말을 시키는 시험감독관이 있다. 착륙 각도를 맞추

실리콘밸리에서 훈련 중

고 있는데 갑자기 고도를 높이게 하고, "Go Around!(복행)"를 외쳐서 착륙을 중지시킨 후 돌아가게도 한다. 그런 상황에서 갑자기 시험감독관이 엔진 출력 레버를 확 당겨 엔진 출력을 꺼버리고는 이런 비상상황에 어떻게 할지 묻는 경우도 있다. 이런 훈련을 평소에 많이 해두면, 옆에 탄 사람이 언제 어떤 황당한 상황을 만들지 항상 대비하는 습관을 갖게 된다. 아주 '고약한 교관'을 만나 수많은 황당한 순간을 미리 대비하면, 실제로 그런 상황이 벌어져도 당황하지 않고 대처할 수 있다.

　내가 실기시험을 볼 때도 시험감독관이 괴짜 같은 행동을 했다. 활주로를 막 이륙하는 과정에서 갑자기 기체의 자세를 보여주는 자세계 attitude indicator와 비행 방향을 보여주는 방향계 heading indicator 가 어떻게 작동하는지를 물었다. 초집중을 요하는 순간이라 자세한 내용이 생각나지 않았다. 그때 내가 몰던 비행기는 전자식 자세계와 방향계를 장착하였기에, 전기로 작동한다고 짧게 말하고는 이륙에 집중했다. 그러자 전자식이 아닌 기계식은 어떻게 작동하느냐는 질문이 돌아왔다. 전에 들은 바로는 그런 상황이 오면, 시험감독관에게 "Stand by"라고 외치며 기다리라고 말한 뒤, 필요한 처리를 다 한 후에 대답하라고 했다. 하지만 나는 그러지 못했다. 주섬주섬 생각을 더듬어 어설프게 대답하고는 계속 필요한 동작에 집중했다. 계기판을 보면서 현재 상승하는 고도는 맞는지, 방향은 맞는지, VOR은 맞게 가리키고 있는지, 엔진 출력을 줄이고 상승climb 체크리스트를 확인해야 하는 그 순간에 시험감독관은 계속해서 물었다.

"그럼 저 두 개의 계기가 고장 나면 어떻게 할 거죠?"

뭐라고 답할지 몰라 머뭇거리는데, 시험감독관이 자기 휴대폰을 꺼내더니 말했다.

"바로 이런 게 있지요. 알고 있었나요?"

그러더니 내 눈앞에서 고도계와 방향계가 달린 앱을 실행하면서 설명하기 시작했다.

이 사람이 일부러 방해해서 나의 인지능력과 집중능력을 시험하려는 건가? 자기가 최근에 다운로드한 앱을 자랑하려는 건가?

아니면 나한테 하나라도 더 가르쳐주려는 건가? 판단할 수가 없었다. 화를 내야 하나? 고맙다고 해야 하나? 아니면 그냥 무시해야 하나?

—

'긍정의 힘'에 대해 말하는 사람들이 많다. 긍정적인 마인드를 가질 때의 장점을 설명한 책도 많고 강의도 많지만, 사람이 항상 모든 일에 긍정적일 수는 없다. '난 다 잘될 거야'라고 생각하기에도, '투자를 잘 받을 수 있을 거야'라고 믿기에도, '저 사람은 능력 있는 사람이야'라고 판단하고 협업을 결정하기에도, 내가 가는 길이 맞다고 단정하기에도 항상 무리가 있다. 대학원생을 연구실에 배정할 때, 단지 다른 명문대에서 학부를 마쳤다거나 첫 대면 회의에서 의견을 잘 말했다고 해서, 또는 회의록을 잘 정리하거나 인상이 좋아서, 또는 이력서의 스펙이 수려해서, 또는 긍정적인 마음이 충만해 보인다고 해서 내 연구실의 연구원으로 뽑을 수는 없다.

스타트업을 평가할 때도 마찬가지다. 그저 긍정적인 느낌만으로 투자를 결정할 수는 없다. 시한이 촉박해도 꺼림칙한 구석이 있으면 과감히 반려해야 한다. 기업 이사회에서 몇몇 이사들이 제안한 새로운 전략이 달콤하게 들릴 때도 마찬가지다. 이사진 거의 모두가 긍정적으로 생각하는 분위기이고 시간이 얼마 남지 않은 상황에서도, 과감히 중요한 질문을 던져야 하는 경우가 있다. 많은 이들의 날카로운 눈총을 감수하고서라도 말이다.

그렇게 현실에서는 모든 것을 긍정적으로 생각하기 어렵고, 긍정적인 분위기에 이끌려서도 안 된다. 파일럿 과정에서는 판단하고 행동하기 전 계기를 보고 수치를 확인하고 비로소 판단하고 실행에 옮기도록 훈련을 받는다.

긍정적이어야 할지 냉철해야 할지 판단해야 하는 순간은 항상 인지하지 못할 때 다가온다. 평소에 긍정적인 마인드로 가득 찬 사람이라도 갑작스러운 상황을 재빨리 평가하고 대처하기란 쉽지 않다. 그것이 위험한 상황을 초래할 수도 있고, 평정심을 무너뜨려 심리적으로 극도로 불안정한 상태에서 헤어나오지 못하는 연쇄반응chain reaction을 경험할 수도 있다. 이 경우, '인지능력 저하'로 인해 생각과 행동에서 평소처럼 기억을 되살릴 수 없고, 상황 대처도 제대로 할 수 없게 된다. 따라서 긍정의 마인드도 '때와 장소'가 있다.

전날 긴장하여 잠도 제대로 못 자고 당일 비행시험으로 극도의 긴장 상태에 있던 나였다. 예기치 않은 상황에서 새로 나온 고도계와 방향계 앱을 내 눈앞에서 설명하는 그 시험감독관을 보고, 긍정의 힘을 발휘하기란 어려웠다. 짧은 시간에 많은 수치를 확인하여 비행기가 제대로 이륙하고 맞는 방향으로 가고 있는지, 현재 스피드는 Vx인지 Vy인지, 피칭 pitching을 너무 높여서 혹시 실속이 오지는 않을지 판단하고 대처해야 하는 '인지 초과부하' 상태가 평소와는 많이 달랐다. 하지만 기업을 운영하는 CEO라면, 큰 프로젝트와 규모 있는 팀을 운영하는 팀장이라면, 또는 극도의 스트레스 속에서 중요한 결정을 해야 하는 상황이라면, '긍정의 시간 테스트'는 분명히 예고도 없이 수시로 다가온다.

그날 내가 만약 "Stand by!"라고 외치고 "좀 조용히 가만히 있어요"라고 말했다면, 뒤따라올 심리적 연쇄 반응을 감당할 수 있었을까? '시험감독관이 기분 나빠 할까?' '혹시 소심한 사람은 아닐까?' '다른 방법으로 나를 방해할까?' '이걸로 나를 실격시킬까?' '혹시 더 어려운 것을 해보라고 하지는 않을까?' 등등 꼬리에 꼬리를 물고 따라오는 생각의 구덩이에 빠졌더라면 어땠을까? 나는 아마도 눈앞의 계기판 수치들을 잘 확인하지 못했을 것이고, 수행해야 할 요구사항들을 제대로, 또 순서대로 하지 못했을 가능성이 높다. 그 상황에서 갑자기 엔진 정지 비상착륙을 하라고 한다든지, 기내 화재 시뮬레이션을 실시하라고 요구한다면, 비상 체크리스트를 손에 쥐고 있다 하더라도 눈에 잘 들어오지 않았을 것이다. 결국 나머지 실기시험 부분은 상당히 꼬였을지 모른다.

그때 그 상황에서 내가 순식간에 생각해낸 것은 '그냥 고맙다고 생각하자'였다. 잘은 모르겠지만 고맙다고 생각하니, 인지 초과부하 상태의 나에게 '긍정의 시간 테스트'가 쉽게 해결되었다. '고맙게도 이분이 나한테 하나라도 더 가르쳐주려는구나' 생각하고 나니 새로운 걸 배운다는 긍정적 생각을 하게 됐고 마음이 편해졌다. 사람은 일단 심리적으로 불안하지 않으면, 두뇌의 인지능력이 떨어지지 않는다. 오히려 문제 해결 능력이 늘어나고 창의적인 사고도 가능해진다. 같은 상황에서 스트레스를 받거나 당황하거나 극도의 불안이 자리 잡으면, 두뇌에 인지과부하가 걸린다. 중요한 판단을 하거나 기억을 시도하는 등 문제 해결에 필수적으로 요구되는 두뇌 자산이 없어져, 무엇을 해도 잘 되지 않는다.

'긍정의 힘'을 생각하며 무조건 긍정적으로 살 수는 없다. 때로는 냉철함이 필요하고, 수치를 요구하거나 증거를 확인해야 한다. '긍정의 시간 테스트'는 항상 예고 없이 온다. 상황이 지나간 후에 인지할 때도 많다.

살다 보면 어처구니없는 상황에서, 또는 화를 낼지 말지 판단해야 할 상황에서, 또는 수치를 보고 냉철하게 판단할지 말지의 상황에서 이런 질문이 필요하다. "Is now the time to think positively?(지금 긍정적으로 생각할 상황인가?)" 그 상황이 "스톨! 스톨! 스톨!" 같은 경고가 나오는 상황, 또는 막 이륙하는데 새로 나온 앱에 대해 설명하는 시험감독관을 대하는 긴장된 상황이라면 더더욱 그렇다.

Am I not complacent?

비행 시 고도 상승을 할 때 기압 차와 산소 부족으로 두통이 올 수 있다. 이에 대비해 생수병을 준비했다가 수시로 물을 마셔주는 게 좋다. 1만 2,500피트 이상으로 올라가서 30분 이상 비행하는 상황이면, 보통 산소통을 준비했다가 산소마스크를 착용한다. 집게형 산소농도계oximeter를 주머니에 넣고 다니다가, 고도 비행 중 검지손가락을 기계에 집어넣어 혈중산소농도를 검사할 때도 있다. 혈중산소농도가 평소보다 현저히 낮으면, 내 몸이 정상이 아니라는 걸 인지하고 저고도로 바로 내려와야 한다. 산소가 부족한 고도에서 비행하면 자신도 모르게 정신을 잃을지 모르기 때문이다. 기내에 기압조절과 산소공급장치가 되어 있지 않은 작은 비행기 조종사들은 항상 고도와 산소를 예민하게 생각하지 않을 수 없다.

자동 기압조절과 산소공급 시스템이 장착된 대형 비행기들도 산소 문제로 사고 난 경우가 있다. 2005년 사이프러스를 출발하여 그리스 아테네를 거쳐 체코로 향하게 되어 있던 보잉 737기가 대표적인 예다. 그 비행기는 압력조절 스위치가 수동으로 놓인 채 이륙했다. 출발 전 정비사가 압력조절 문제를 점검하고 수동으로 해놓았기 때문이다. 기장과 부기장은 압력조절 레버를 확인할 기회가 세 번 있었지만, 이를 인지하지 못했다. 비행기가 고도 1만 2,000피트를 넘어 상승하면서 계기판에서 경고음이 울렸지만, 기장과 부기장은 이를 이륙 관련 경고라고 계속 생각했다. 오토파일럿이 켜져 있으므로 비행기는 입력된 항로대로 계속 1만 8,000피트를 넘어 상승했고, 이미 승객들과 기장은 저산소증hypoxia에 정신이 혼미해졌다. 비행기는 자동으로 고도 3만 4,000피트까지 올라가, 하늘에서 자동항법장치에 의해 원을 그리며 그리스 상공을 돌고 있었다. 이때는 이미 많은 사람들의 운명이 정해져버렸다.

비행기 조종사들과 교신 불능이 되자, 그리스 공군 F16이 출격했다. 비행기에 접근해 관찰한 결과, 기장은 보이지 않고 부기장은 엎어져 있었다. 기내에는 산소마스크가 떨어져서 매달려 있었지만, 승객들은 아무도 움직이는 기미가 보이지 않았다. 산소마스크를 착용했다고 해도 15분밖에 공급되지 않기 때문에, 모두 저산소증으로 기절했거나 이미 운명을 달리했을 것이다. 기내 승무원 중한 명이 마침 상업용 조종사 자격증을 갖고 있어서, 승무원용 휴대용 산소통을 가까스로 착용하고 조종실로 들어와 조종석에 겨우 앉았다. 하지만 이때는 이미 비행기 연료가 모두 소진된 상태였다. 잠시 후 비행기는 양쪽 엔진이 모두 꺼지면서 근처 산에 추락했고, 비행기에 타고 있던 승객과 승무원 121명은 전원 사망했다.

이 사건은 항상 해오던 대로 행동하고 늘 보던 것들만 주시하고 대처하다가 일어난 불상사다. 그래서 항공업계에서는 '무사안일 살인complacency kills!'이라는 말이 있다. 우리도 '처음처럼'이라는 말을 많이 쓴다. 처음에 생각했던 그 순수한 동기, 처음에 가졌던 열정, 처음에 가졌던 신중한 태도를 계속 유지하라는 말이다. 파일럿 과정 초기에는 누구나 체크리스트를 하나하나 꼼꼼히 보면서 확인에 확인을 거듭한다. 하지만 시간이 흘러 자신감이 생기면 점점 꼼꼼한 확인 절차에 게을러진다. 항상 해오던 일이고 기억하고 있다는 이유로, 같은 문제를 예상하고 같은 해결 방법을 먼저 떠올려 시행하게 된다. 보잉 737기 사건은 안심하고 긴장을 늦추는 것이 얼마나 위험한지를 여실히 보여준다. 사고는 1만 7,000여 시간의 비행 경력을 가진 베테랑 캡틴에게도 일어날 수 있다.

나의 첫 교관이 훈련 과정에서 비행기를 바꾸어 탈 때마다 한 말이 있다. 같은 비행기를 계속 타면, 시험 치르기는 좀 수월하지만 곧 타성에 젖게 된다는 것이다. 사실 완전 초보가 이 비행기 저 비행기 매번 다르게 타면, 시동 절차나 이착륙 시 세팅이 조금씩 상이한 탓에 더더욱 체크리스트를 꼼꼼히 봐야 한다. 지금 생각하면 아무것도 아니지만, 완전 초보에게는 긴장을 늦추지 않게 하는 확실한 방편이었던 셈이다.

—

항공 사례는 아니지만, 긴장이 늦춰지고 경계가 느슨해지면 문제로 이어진다는 것을 나 스스로 뼈저리게 느낀 사건이 있다. 2005년 겨울, 한인 교회 단체가 대형 밴 두 대에 사람들을 가득 싣고 캘리포니아 팰로앨토를 출발해 멕시코 국경을 넘었다. 밴에 탄 사람들은 대부분 스탠퍼드와 실리콘밸리 지역에서 공부하거나 일하는 사람들이었다. 우리는 멕시코의 대형 농장에서 일하는 극저소득층 이주민 커뮤니티에 집을 지어주기로 하고 의기양양하게 출발했다. 캘리포니아와 접하고 있는 바하칼리포르니아Baja California는 캘리포니아 아래쪽이라는 뜻이다. 사계절 햇빛이 좋고 근처 산에서 내려오는 물로 농사짓기도 수월해, 기업들이 대형 농장을 건설했다. 멕시코 전역에서 사람들이 몰려와 하루 종일 농작물을 수확하고 하루에 5,000원 정도의 일당을 벌고 있는 곳이다. 우리 팀은 그곳 목사님의 부탁으로, 이 가난한 노동자들이 열악한 집단거주 형태에서 벗어나 좀 더 인간답게 살 수 있는 집을 만들어주게 되었다.

멕시코 농장 지대로 내려오면서 우리 팀은 몇 가지 주의 사항을 숙지했다. 특히 물에 관한 것이 강조되었다. 아무리 더워도, 수돗물이 시원해 보여도 마시면 큰일 난다는 것이었다. 그래서 생수를 준비해 병에 이름을 적어놓고 철저히 아껴 마셨다. 그 지역에서는 우물물을 펌프로 끌어 올려서 거주지 한가운데 수도꼭지에서 나오도록 되어 있었다. 바다와 농장은 물론 공동 화장실도 가까워서 물맛이 아주 씁쓰름했다. 지역 주민들은 그 물을 먹을 수밖에 없었는데, 오랫동안 마셔서 그런지 40대면 이미 노인 취급을 받을 만큼 수명이 짧았다. 생활환경도 매우 열악했다. 냉장고가 없어서 음식물이 쉽게 상했고, 샤워하기도 매우 어려운 거주 형태였다. 병에 쉽게 걸리고 전염도 잘 되는 악조건이었다.

그곳에서 집을 지으며 며칠간 관찰한 결과, 아이들이 항상 주변에서 놀고 있었다. 저 아이들은 언제 학교에 가냐고 동네 사람들에게 물으니, 학교 자체가 없다고 했다. 저렇게 놀다가 12세 정도 되면 밭에 나가 일을 해 돈을 번다는 것이었다. 교육자인 나는 놀라지 않을 수 없었다. 아이들이 제대로 된 교육을 받지 못하고 글도 배우지 못했다. 문맹으로 살다 보니 권리에 대해 목소리를 내기도 어려웠다. 12세부터 일해서 40대가 되면 시름시름 앓다가 이른 나이에 생을 마감하는 상황을 도저히 용납할 수 없었다. 그래서 나는 마음속으로 반드시 여기에 다시 오리라 다짐했다. 나의 모바일 교육mobile-learning 연구의 긴 여정은 여기서부터 시작되었다.

그 후로 난 아이들을 교육시킬 방법을 연구했다. 여기저기서 모바일 기기들을 기부받아 스페인어로 된 교육용 콘텐츠를 제작해 입력한 후, 그 동네를 다시 찾았다. 교육받지 못하는 어린이들에 대한 관심이 전 세계의 사각지대로 넓어졌다. 그렇게 시작된 프로젝트 이름은 '포켓스쿨Pocket School', 거기서 고안한 새로운 교육 모델 이름은 '외계인 교수법 Alien Pedagogy'이었다. 현재는 'SMILE Stanford Mobile Inquiry-based Learning Environment'이라는 명칭으로 진화했다. 멕시코 농장에서 이주민 노동자 아이들과 시작한 모바일 교육 프로젝트는 그 뒤 멕시코의 다른 지역으로 확산되었고, 남

맥시코 산간 오지의 아이들

미의 여러 나라들을 거쳐 인도, 아프리카로 퍼져나갔다. 여러 연구 논문들도 나왔다.

그 당시 우리 팀을 덮친 문제는 집짓기 봉사 활동의 여정을 마치고 돌아올 때 발생했다. 활동이 끝나갈 쯤에 우리가 가져갔던 생수병이 점점 줄어들면서 아무래도 부족하겠다는 판단이 섰다. 그래서 양치질은 지역 수돗물을 병에 담아서 하고, 생수는 목마를 때만 마시기로 했다. 그러다가 생수가 동이 나자 지역 수돗물을 필터로 정화시키고 한번 끓인 후 병에 담아 마셨다. 마지막 날, 우리는 일정을 모두 끝낸 후 밴에 다시 몸을 실었다. 계획했던 일정이 차질 없이 안전하게 끝나 모두 뿌듯했다. 집에 도착하면 다 같이 맛있는 음식을 먹으러 가자며 즐거운 대화를 나누던 중 다들 목이 말라 챙겨 온 생수를 마셨다. 몇 시간 후, 생수를 마신 사람들 대부분은 일주일간 세상의 거의 끝을 경험하게 되었다. 급성 장염에 걸린 것이다. 짐을 정리하면서 식수가 담긴 생수병과 지역 수돗물이 담긴 물병이 섞여버렸기 때문이다.

일정 내내 그렇게 조심하고 철저하게 관리했는데, 돌아오는 동안 경계심을 거두었던 것이 문제였다. 생수병에 각자의 이름과 용도를 꼼꼼히 표시해놓던 모습 대신 안일한 마음이 그 자리를 차지하자 바로 사고가 터졌다. 안일함은 누구에게나 소리 없이 찾아온다. '처음처럼'의 태도와 습관이 사그라질 무렵 찾아와서는 우리를 덥석 문다.

어떤 조직이든 리스크 있는 일을 한다면 '처음처럼'을 늘 상기할 필요가 있다. 그것이 IT 보안과 관련된 일이든, 정보 관리의 일이든, 기계를 다루는 일이든 마찬가지다. 일상적으로는 자동차를 타고 매일 오가는 고속도로에서도 필요하다. 스타트업이 성장해서 중견 기업으로 넘어갈 때도 '처음처럼'을 다시 상기해야 한다. 자주 하던 대로, 무심코 한 결정이 안일하게 처리되었을 때 리스크가 치솟을 수 있다. 더욱이 문제가 생겼을 때 해결의 기회가 여러 번 주어져도, 항상 해오던 대로 안일하게 대처하면 '무사안일이 진짜로 살인을 저지르는' 상황이 발생한다. 그래서 우리는 어떤 분야에서 베테랑이 되더라도 "Am I not complacent?(지금 안일함에 빠져 있지는 않은가?)"라는 질문을 해야 한다. 내가 어떻게 더 나아질 수 있을까를 계속 고민할 필요가 있다. 끊임없는 배움과 자기 발전은 피곤하고 불편하다. 그러나 그것을 친구 삼지 않으면 크나큰 불행으로 돌아온다.

원칙 있게 산다는 것

/ 할 수 없다는 용기 /

Do you have the guts to say unable?

US 에어웨이스_{Airways} 항공기 1549편은 2009년 1월 15일 오후 3시 25분 39초에 뉴욕 라구아디아 공항 31번 활주로를 힘차게 이륙하면서 랜딩기어를 접어 넣었다. 그러나 곧바로 3시 27분 11초, 하늘에서 거위 떼를 만나 부딪히면서 비행기의 양쪽 엔진이 모두 정지되어 버린다. 결국 기장은 3시 27분 32초에 관제사에게 무전으로 "메이데이! 메이데이! 메이데이!"를 외친다. 관제사는 기수를 돌려 공항 활주로 31로 돌아오라고 권고한다. 그러나 이 말을 들은 기장 체슬리 설런버거_{Chesley Sullenberger}는 "Unable"이라고 딱 잘라 말한다. 그가 28분 35초에 한 말이다. 전체 상황을 보면, 새 떼로 인해 엔진 양쪽이 다 꺼져버린 순간부터 기장이 모든 승객의 운명과 관련된 중대 결정을 내리기까지의 시간은 84초다. 그 난감하고 복잡한 상황에서 엔진을 다시 점화시키려고 시도하지만, 이미 망가져버린 양쪽 엔진은 반응이 없다.

이때까지의 항공 역사상 제트비행기의 양쪽 엔진이 동시에 정지되는 상황은 없었다. 파일럿들은 한 개의 엔진 결함에 대한 훈련은 열심히 받아왔지만, 양쪽 엔진이 동시에 정지되는 훈련은 받은 적이 없다. 그 어떤 매뉴얼에도 나와 있지 않은 상황이다. 이때부터 비행기는 자유 활강을 하면서 지면으로 그대로 곤두박질쳤다. 조종실 안에서는 "고도가 너무 낮다! Too low. Terrain!"라는 경고음이 반복되다가, 곧 "지형 주의! Caution. Terrain!"라는 경고로 바뀌고, 곧바로 "조종간 당겨! Pull up!"라는 경고음이 가득 찬다. 랜딩기어를 내리지 않은 채 지면으로 하강하는 상태라서 조종간을 잡아당기라는 경고가 끊임없이 나온다. 그 와중에 무전기에서는 관제사가 교신이 아직 연결되어 있는지 묻고, 기장은 이 모든 경고음과 관제사의 교신 소리, 온갖 소음을 완전히 뒤로한 채 허드슨강에 비행기를 비상착륙시킨다. 그때 시각은 3시 30분 43초. 비행기 안에 있던 155명 전원이 생존한다.

영화로도 제작된 이 사고의 상황과 대처는 기적 그 자체다. 비행기가 허드슨강 수면에 닿는 순간의 각도와 속도가 155명의 생사를 결정하는 상황이었다. 비행기가 수면에 닿기 전에 속도가 너무 낮으면 그대로 실속 추락(비행기가 앞으로 나아가는 속도가 없어 양력을 잃고 그대로 땅으로 곤두박질치는 상황)을 했을 것이다. 반면, 수면에 닿는 순간의 속도가 너무 빠르면 기체는 산산조각 나서, 승객들이 충격에는 살아남더라도 얼음장 온도의 물속에서 모두 익사할 상황이었다. 더욱이 충격 순간의 각도가 안 맞으면, 동체와 날개가 먼저 부러지든지 전면이 박살 날 터였다. 모든 좌석이 앞으로 쏠리면서 압사 또는 외상으로 생존자가 없을 수도 있었다. 당시 기온은 영하 7도였다.

이 사건을 〈설리: 허드슨강의 기적〉이라는 영화로도 보면서 많은 생각이 들었다. 나는 인생에서 언제 과감하고 단호하게 "Unable"이라는 말을 해보았는지 곰곰이 돌아보았다. 가장 최근에 "Unable"이라고 말한 적은 나 역시 비행 상황이었다. 어느 날 공항에 막 착륙해서 활주로에서 속도를 점점 줄여가는데 공항 관제사로부터 "비행기 391호, 델타delta 포인트에서 오른쪽으로 바로 돌아 오른쪽 활주로 31 앞에 서세요"라는 지시를 받았다. 당시 내 비행기의 착륙 후 속도를 보아서는 급브레이크를 아주 꽉 밟아야 겨우 지시한 포인트에서 턴을 할 수 있었다. 그러다가 자칫 잘못하면 비행기가 미끄러질 것 같았다. 나는 1초도 안 돼 "Unable!"을 선언하고, 그대로 델타를 지나 에코echo 포인트까지 가서 오른쪽으로 돌았다. 많은 경우에 관제사의 말을 잘 알아듣고 따라야만 사고를 면할 수 있지만, 때로는 지시 사항을 재빨리 판단해서 최선의 선택을 해야 한다. 단, 그것은 누가 보아도 안전을 위한 최선의 판단이어야 한다. 임의적 판단에 따라 지시를 무시하고 사고가 났다면, 조종사 혼자 모든 책임을 다 져야 하기 때문이다. 결정의 시간은 매우 짧다. 이때 관제사는 'Unable'을 선언한 나의 의도와 이유를 바로 이해했다. 이럴 경우 'Unable' 선언을 통해 관제사로부터 다른 옵션을 받거나 상황 대처를 위한 도움을 받기도 한다.

———

아주 평범한 일상생활에서 논리적으로나 이론적으로 당연히 그렇게 하는 것이 맞지만, 'Unable!' 또는 'No!'라고 단호하게 말하기 어려운 때가 있다. 만나면 만날수록 서로에게 상처가 되는 것을 알면서도 과감하게 헤어지자고 말하지 못하는 경우가 그런 예다. 마약, 폭식, 게임, 쇼핑 등의 중독에서 빠져나오지 못하는 사람도 있고, 회의 때 남의 말을 끝까지 듣지 않고 자신을 통제하지 못한 채 하면 안 될 말까지 내뱉고선 두고두고 후회하는 사람도 있다. 선택과 집중이 필요한 결정 상황에서 욕심에 눈이 흐려지면 여러 가지를 다 추진하려다가 결국 하나도 제대로 못 이루게 된다.

비행과 관련 없는 상황에서 나에게도 어렵사리 '할 수 없음'을 선언한 적이 두 번 있다. 둘 다 아프리카에서 교육 프로젝트 일로 이동할 때 생긴 일들이다. 2010년 봄, 나는 일행과 함께 아프리카 르완다에서 콩고로 넘어가려 했다. 당시 콩고 측과 미리 연락된 여러 기관들과 만나 회의도 하고 교육 프로젝트를 함께 하기로 약속되어 있었다. 그날은 콩고에서 마중 나온 기관장과 함께 고마라는 마을로 들어가는 날이었다. 당시 고마에서는 은쿤다 Laurent Nkunda 라는 전 콩고민주공화국 장교였던 자가 정부를 상대로 반란군을 이끌며 활동 중이었다. 역사를 보면 콩고의 고마처럼 바람 잘 날 없는 곳도 없었다. 1994년 르완다에서 당시 제노사이드를 일으킨 후투족과 싸워 르완다의 정권을 다시 잡은 투치족의 보복을 두려워해, 후투족의 많은 사람들이 난민이 되어 고마로 피신했다. 또한 고마는 근교 지역에서 불법으로 채굴된 주석 등 전자제품 제작의 필수 원재료가 유럽과 중국으로 수출되는 주요 교역지였다. 세상 사람들이 모르는 사이에 이 지역 사람들의 피가 묻은 재료가 지구상 수억 명의 휴대폰의 일부분이 되었다.

콩고의 이 지역을 누가 장악하느냐에 따라 엄청난 돈의 주인이 달라지는 상황이었다. 그래서 콩고에는 여러 나라의 관심이 쏠리고, 해외에서 지원받는 각종 게릴라들이 활동하게 되었다. 은쿤다는 고마의 투치족을 보호한다는 명분으로 정부군과 그 지역 장악권을 놓고 내전을 벌이고 있었다. 내가 방문할 때에는 어느 정도 진정 국면으로 가고 있었지만, 언제 어디서 어느 쪽 군대와 마주칠지, 어느 장소에서 무슨 일이 생길지 예측하기 힘들었다. 콩고에서 마중 나온 사람들과 며칠간 논의를 했다. 외국인에 대해서는 정부군이나 반란군 모두 호의적이라 괜찮겠지만, 종종 상관의 명령이나 지휘에서 벗어난 배고픈 군인들이 강도짓을 할 수 있다는 정보를 받았다. 물론 콩고 측의 보호를 받아 안전한 루트로만 이동하겠지만, 함께 간 일행의 의견은 둘로 나뉘었다. 나는 반대하는 쪽이었다. 그때 나는 최종적으로 'Unable'을 선언했다. 결국, 팀은 반으로 나뉘었고 찬성 쪽은 계획대로 방문했다. 아니나 다를까, 방문팀은 지휘를 이탈한 일부 군인들에게 잡히고 말았다. 가지고 간 소지품을 모두 빼앗기고 고마를 빠져나와 르완다 국경을 넘어 돌아올 때까지 극심한 공포에 떨었으며, 육체적으로도 큰 고생을 했다. 그래도 그 일행은 안전하게 살아 돌아올 수 있었다.

다른 사건은, 르완다와 국경을 마주한 나라 부룬디에서 일어났다. 부룬디를 방문할 당시 상황은 르완다보다 훨씬 더 열악했고, 내전이 가시지 않은 상태였다. 그때만 해도, 길거리에 약 200미터마다 AK47 소총을 든 병사들이 배치되어 있었다. 배고픈 아이들은 길거리에서 구걸을 하고 외국인이 나타났다 하면, 떼로 나타나 돈을 달라고 손을 내밀곤 했다. 함께 이동하던 일행이 아이들이 불쌍하다며 돈이든 뭐든 나눠주자고 했다. 나는 단호하게 "No!"라고 말했다. 작은 동정심에 뭔가를 나눠주어서는 안 된다고 했더니, 일행은 나를 매우 차가운 사람이라고 여겼다. 마음은 아프지만, 비슷한 지역에서 프로젝트들을 진행하면서 나름대로 배운 것들이 있었다. 아이들에게 필요한 건 교육의 기회이지 일시적 원조가 아니라는 것이었다. 교육이 없다면, 아무리 시간이 지나도 이들의 미래는 똑같기 때문이다.

그런데 뒤따라오던 일행 중 한 명이 내 말을 무시하고, 가장 불쌍해 보이는 작은 아이에게 1달러 지폐를 주고 말았다. 그러자 멀리서 지켜보던 아이들이 구름 떼처럼 밀려와 손을 내밀었다. 아이들끼리 서로 밀치며 달려들어 자칫 잘못하면 사고가 날 것 같았다. 더구나 돈을 받은 아이는 바로 큰 아이들 네다섯 명에게 끌려가 마구 두드려 맞았다. 작은 아이는 빼앗기지 않으려고 돈을 가슴에 안

모바일 교육 프로젝트, 르완다에서

고 안간힘을 썼지만, 덩치 큰 아이들 여러 명을 당해낼 수는 없었다. 결국 아이는 돈을 빼앗겼다. 돈을 주었던 이는 충격을 받아 울먹였다. 나 역시 가슴이 너무 아팠다. 도우러 와서는 오히려 다치게만 했으니……. 작은 동정심이나 미안한 마음에 이끌려 'No'를 하지 못해 생긴 일이었다.

살다 보면 단호하게 'No!'를 해야 할 시간을 꼭 만난다. 언제 어디가 될지 모른다. 결정을 내릴 시간이 아주 짧을 수도 있다. 긴급한 상황에서 가장 나쁜 옵션들만 있을 때, 그나마 덜 나쁜 옵션을 택하려면 다른 것들에는 'No'를 할 수 있어야 한다. 감정이 동요하여 논리적인 선택을 하기 힘든 상황에서도 단호하게 'Unable'을 선언하고 바로 새로운 국면으로 나아가야 한다. 실제로 그런 상황이 오기 전에 가끔은 자신에게 확인할 필요가 있다. "Do you have the guts to say unable?(할 수 없다고 말할 용기가 있는가?)"

/ 타협할 수 없는 원칙 /

Can you really stick to your principles?

브라이언이라는 20대 초반의 파일럿이 있었다. 어느 날, 자신이 일하는 비행학교 교장으로부터 승객 한 명을 태워 오라는 지시를 받는다. 캘리포니아 산호세에서 130킬로미터 떨어진 카멜밸리라는 해안가 산속에 있는 작은 공항으로 가야 했다. 그날 마침 다른 교관들이 바빠서 취직한 지 얼마 안 되는 브라이언에게 기회가 온 것이다. 그는 감사하는 마음으로 선뜻 응한다. 그런데 잠시 후 연락이 왔다. 그날 태워 올 손님이 중요한 고객이라 교장도 함께 간다는 말이었다. 왠지 부담스러웠지만 여느 때와 같이 파이퍼 체로키 비행기에 연료를 가득 채우고 교장과 함께 카멜벨리로 향한다.

유난히 더운 날이어서 평소보다 공기 밀도가 낮았다. 산속의 짧은 활주로에 비행기를 내리고 중요한 고객이라는 사람을 만난다. 더부룩한 머리에 턱수염과 콧수염까지 기른 젊은 청년이 활주로 옆에 전자장비를 잔뜩 쌓아놓고 있다. 그걸 모두 싣고 가야 한다고 말한다. 브라이언은 교장의 얼굴을 잠시 확인하고, 청년에게 전자장비의 총무게를 묻는다. 청년은 상관없다는 표정으로 얼마 전에도 이것보다 더 많은 짐을 싣고 비행한 적이 있다고 말한다. 더운데 어서 싣고 가자는 것이다. 브라이언은 교장의 얼굴과 청년의 얼굴을 번갈아 보고는 짐 싣는 것을 도와주었다. 그러고는 자기 가방에서 비행기 중량 계산서를 뽑아 들고 비행기 이륙 중량을 계산하기 시작한다. 청년은 더운데 어서 가자고 재촉한다. 얼마나 중요한 고객인지 몰라도 교장은 전혀 반박하지 않는다. 그저 눈짓으로 그날의 파일럿인 브라이언에게 모든 결정을 맡긴다는 뜻을 전한다. 눈앞에서 재촉하는 청년의 얼굴을 다시 힐끗 보고, 브라이언은 중량 계산서로 고개를 돌린다. 숫자를 집어넣으며 계산에 집중하고 신중히 확인한다.

어느새 브라이언의 이마에서 땀방울이 뚝뚝 떨어지더니 이내 줄줄 흘러내린다. 앞에 서 있던 젊은 고객의 얼굴을 다시 한번 자세히 보았을 때 브라이언은 깨닫는다. 언젠가 신문에서 젊은 창업가가 회사를 창업해 개인용 컴퓨터를 만드는데, 앞으로 기대가 크다는 내용을 읽었던 게 머리에 떠오른다.

'앗! 이 사람이 스티브 잡스구나!'

글로벌 CEO로 신격화되기 30년 전쯤이지만 그 당시에도 신문에 가끔 등장하던 유명인이다. 브라이언은 그제야 왜 교장이 따라왔는지 눈치챈다. 브라이언이 흘린 땀에 종이가 젖어가고, 스티브는 이제 점점 화가 나는지 재촉하기 시작한다. "지난번엔 이보다 더 많은 짐을 싣고 간 적이 있다고요. 이제 그만 갑시다."

야속한 교장은 아무 말도 없이 브라이언에게 결정하라고 눈짓을 준다. 전자장비 계산 중량, 그날의 온도, 파일럿을 포함한 세 명의 건장한 남자들의 중량을 계산하자, 브라이언의 눈에는 이륙이 아슬아슬해 보인다. 안전하게 이륙하기에는 활주로가 너무 짧다. 브라이언은 잠시 망설이더니 스티브에게 어렵게 말을 꺼낸다.

"이 모든 중량을 감당하기엔 여기 활주로가 너무 짧습니다. 제가 여기서 15분 거리에 있는 몬테레이 공항으로 비행기를 몰고 가겠습니다. 두 분은 차로 이동해 거기서 탑승하십시오. 그러면 기름 중량도 조금 줄고, 몬테레이 공항 활주로는 여기보다 세 배나 길기 때문에 우리 모두 타고 이륙하는 데 문제가 없습니다."

이 말은 들은 스티브는 장난하냐는 듯 불쾌한 표정을 짓는다. 그리고 교장에게 눈치를 주자, 교장은 오늘은 이 친구가 캡틴이라고 말할 뿐이다. 그렇게 티격태격하던 스티브는 결국 몬테레이 공항으로 차를 몰아 간다. 고집을 부려 안전을 선택한 브라이언은 몬테레이 공항으로 날아가면서 속으로 생각한다.

'오늘이 마지막이구나. 겨우 얻은 직장인데……'

무거운 마음으로 몬테레이 공항에 착륙해서 스티브 잡스와 교장을 태운다. 훨씬 무거워진 중량감을 느끼며 활주로 끝을 향해 비행기 출력을 최대로 높인다. 브라이언은 자신의 결정이 최선이었음을 보여주기라도 하듯 활주로 끝이 다가올 때까지 기수를 올리지 않는다. 얼마나 긴 활주로가 필요한지 스티브도 느끼게 하려는 것이다. 거의 활주로 끝에서 기수를 올리자 비행기는 아슬아슬하게 천천히 날아오른다. 함께 있던 스티브 잡스는 눈앞에 다가오는 활주로 끝을 보면서 왜 오늘 같은 날 짐이 많으면 활주로 길이가 더 필요한지 조금이나마 이해했을지 모른다. 어쩌면 천하의 스티브 잡스도 그 순간에 잠시나마 손에 땀을 쥐지 않았을까?

산호세 공항으로 오는 동안 아무도 말이 없다. 브라이언은 비행학교 건물 앞에 비행기를 멈추고, 앞으로 IT계에 엄청난 파장을 불러일으킬 스티브 잡스의 귀중한 컴퓨터 샘플을 내려준다. 그때만 해도 그 잡다한 컴퓨터들이 세상을 바꾸어놓을 줄은 아무도 몰랐을 것이다. 비행기에서 짐을 내리는 동안에도 침묵이 감돈다. 더 이상의 재촉도, 신경질적인 말도, 그리고 고맙다는 말조차 없다. 교장은 브라이언에게 비행기 정리가 끝나면 교장실로 오라고 한다. 정리를 마친 브라이언은 왜 본인이 그렇게 까다롭게 굴었는지 마음속으로 대답을 준비한다. 여기서 잘리면 어디로 가야 할지 눈앞이 깜깜하다. 교장실 안은 에어컨이 잘 돌아가 시원하지만, 브라이언의 마음은 푹푹 찌는 듯하다. 교장과 마주 앉는 것은 입사일 이후 처음이다. 브라이언 같은 애송이 파일럿이 교장과 대면할 일은 거의 없었던 것이다. 교장은 대뜸 묻는다.

"지금 우리 학교에서 한 시간에 얼마씩 받지요?"

브라이언은 다 죽어가는 소리로 자신의 급여를 말하고는 변명하듯 "시작한 지 얼마 안 되어서요"라고 덧붙인다. 그러자 교장이 말한다.

"내일부터 시간당 두 배로 주지요."

스티브 잡스 같은 사람에게 참교육을 시킬 정도로 담대하고 어떤 상황에도 원칙을 벗어나지 않는 그런 사람이 비행학교에 필요하다고 힘주어 말한다. 만약에 그날 브라이언이 고객의 요구를 거절하지 못하고 무리하게 이륙하다가 사고라도 났다면, 이 세상에 아이폰은 없었을지도 모른다.

이 젊은 파이럿은 브라이언 시프Brian Shiff라는 기장이다. 비행학교에서 일하다가 나중에 미국 대형 항공사에 취직하여 에어버스 A320, 보잉 727, 757, 767, DC-9(MD-80) 등 여러 기종의 한정증명type rating을 취득한 베테랑 파일럿이 되었다. 현재는 은퇴하여 학생들을 가르치는 교관으로 돌아갔다. 안전비행 관련 세미나 강연자, 연방항공청 비행사고조사 자문의원 등 다양한 일을 하며 보람된 여생을 보내고 있다.

사람의 안전을 위한 원칙은 그 어떤 것보다도 중요하다. 브라이언은 자신과 자신이 책임져야 할 승객의 안전을 위해 원칙을 고수했다. 일상생활에서 우리는 많은 리스크를 안고 산다. 조직의 리더라면 남들보다 더 큰 리스크를 자주 만나고 감수해야 한다. 때로는 조직이나 자신의 원칙에 리스크가 되는 일을 실행해야 할 때가 있다. 하지만 그 원칙이 안전이나 건강과 관련되어 있다면 리스크를 감수해서는 안 된다. 아무리 대단하고 멋진 일이 가능하더라도, 안전이 둘째가 되거나 사람들 건강에 해가 되는 일은 두 번 돌아볼 사안이 아니다. 이 세상 어떤 것도 안전이나 건강과 바꿀 수는 없기 때문이다. 그럴 때는 과감히 'NO'라고 말하며 포기할 수 있어야 한다.

실리콘밸리에서 금기시되는 원칙 중 하나는 근거 없는 데이터를 만들어내는 것이다. 실제로 실험 결과가 나오지 않았는데도 데이터를 조작한 결과물을 가지고 투자자를 유혹한다든지, 아직 되지도 않았는데 곧 될 것 같은 결과의 숫자를 제시한다든지 하는 것들은 절대로 피해야 한다. 그래서 투자자들은 자료를 철저하게 조사하고, 실험 결과의 신빙성에 대해 제3자의 충분한 검토도 요구하기 마련이다. 작은 숫자 한두 개, 아니 소수점 하나만 옮겨도 수십억대의 투자가 이루어지느냐, 회사의 운명이 바뀌느냐가 결정된다. 실패에 관대한 실리콘밸리라 할지라도, 창업가 정신이라고 해서 원칙 없는 실패와 무조건적인 위험 감수에 관용적인 것은 아니다. 이 같은 사실을 여실히 보여주는 사례가 있다.

스티브 잡스처럼 '혁신'을 내세우며 검은 폴라티를 입고 실리콘밸리에 혜성처럼 나타난 엘리자베스 홈스Elizabeth Holmes. 1984년생인 그녀는 스탠퍼드 공과대학에 입학해 연구조교로 일하다가 2004년 테라노스Theranos라는 스타트업을 창업했다. 스탠퍼드 교수를 자문으로 영입하고 그의 명성을 바탕으로 투자를 받기 시작한다. 엘리자베스는 워낙 달변가인 데다 사교성을 타고났으며, 어리고 명석한 스탠퍼드 공과대학생의 이미지를 가졌기에 금세 실리콘밸리에서 주목을 받았다. 과감하게 미국 최고위 정치계 인사까지 회사의 자문으로 영입해 탄탄대로를 달리던 테라노스는 한때 자산가치가 9조 원에 달했다. 〈포브스Forbes〉는 엘리자베스를 가장 젊은 여성 부자로 꼽기도 했다.

하지만 2018년 미국 연방증권거래위원회는 엄청나게 잘나가던 엘리자베스를 주식 사기 혐의로 고소하고, 2020년 가을부터 본격적인 재판에 들어갔다. 테라노스는 파산했고, 이 회사에 투자했던 투자자들은 엄청난 손해를 보았다. 엘리자베스가 발명했다는 혈액검사 기술은 수치가 부정확하고 결과가 일관되지 않는다는 의심을 받으면서, 그동안 나온 모든 연구 결과들에 대한 의심이 눈덩이처럼 불어났다. 여기에 일조한 사람이 있다. 파키스탄 출신 이민 가족의 아들 라메시 발와니Ramesh Balwani라는 남자는 엘리자베스가 18세 때 만난 인물이다. 그는 2009년 테라노스의 사장으로 취임해 엘리자베스와 함께 회사 자산을 불려나갔다. 2016년부터 이 회사가 개발한 기술에 대해 의심이 커져갈 때도, 두 사람은 회사의 연구 자료를 내부 극비 사항으로 처리하고 외부에서 타오르는 의심의 불을 끄려고 부단히 노력했다. 그럼에도 라메시는 엘리자베스와 함께 기소되어 공동 운명에 처해 있다. 성공의 꿈과 희망을 좇아 열심히 달려갔지만, 테라노스는 기본 원칙이 불분명했거나 올바르지 못했다. 특히 사람의 건강 및 질병검사와 관련된 나노테크놀로지는 그 가능성과 시의적절성을 믿는 사람들이 많았다. 많은 이들에게 큰 실망을 안겨준 이 사건은 원칙의 중요성을 잘 보여준다. 엄청난 액수의 투자금이 눈앞에 아른거리며 대단한 부의 유혹이 눈을 가려도, 절대로 저버려서는 안 될 원칙이 있는 법이다. 그 원칙을 버리는 순간, 성공도 부도 다 사라진다.

파일럿 캡틴 브라이언이 원칙을 지켜서 실리콘밸리의 거장 스티브 잡스를 살렸다면, 엘리자베스와 라메시는 원칙을 저버려 실리콘밸리에서 퇴장하게 된다. 어쩌면 재판 결과와 그 후의 노력으로, 그들이 실리콘밸리 무대에 다시 등장할지도 모른다. 그렇게 맨땅에서 다시 시작한다면, 그때는 절대로 원칙을 버리지 않았으면 한다. 처음에 이루려고 했던, 피 몇 방울만으로 각종 질병검사를 할 수 있는 기술을 개발해 의학계에 꼭 혁신을 일으키기를 바라는 마음도 있다. 스타트업을 하거나 혁신 글로벌 기업을 꿈꾸는 사람이라면 원칙 앞에서 흔들리는 상황이 온다. 막대한 투자와 부의 축적이라는 유혹이 강렬하게 다가올 때, 이 질문을 꼭 해보기 바란다. "Can you really stick to your principles?(당신의 원칙을 정말로 지킬 수 있는가?)"

How is your safety margin today?

산에서 내려오는 시냇물을 가만히 들여다보면, 장애물이 없는 데서는 잔잔히 흘러가지만 중간에 큰 돌을 만나면 하얗게 부딪치며 소용돌이침을 알 수 있다. 하늘에서도 비슷하다. 바람이 불다가 산과 같은 장애물을 만나면 위로 솟구쳤다가 반대편으로 내려치며 소용돌이가 생긴다. 이처럼 바람이 지면의 영향을 받아 올라갈 때는 상승기류updraft라 하고, 내려칠 때는 하강기류downdraft라고 한다. 동네 앞산이 아닌 이상, 고도가 높은 지역의 산은 날씨가 매우 좋고 바람이 없는 날이 아니라면 가지 않는다. 바람이 센 날 산등성이에서 낮게 비행하며 넘다가 잘못하여 하강기류에 걸리면, 비행기가 최대 출력으로 아무리 빠져나오려 해도 바람의 힘에 못 이겨 추락할 수 있기 때문이다. 높은 고도를 나는 여객기의 경우는 그런 일이 없겠지만, 작은 비행기를 타다 보면 산을 낮게 넘어가야 하는 일이 종종 생긴다. 아무리 비행시간이 많은 경력자라고 해도, 산을 넘거나 산 가운데에 위치한 공항에서 이착륙하려면 평소보다 훨씬 조심해야 한다. 바람, 구름, 안개, 기온, 무게 등 여러 변수를 감안하고 수치를 계산하여 원칙에 따라 실행하지 않으면, 매우 위험한 상황에 빠질 수 있다.

　나와 함께 비행하던 한 교관도 혼자 밤에 산을 넘어 비행하는 상황에서 이런 일을 겪었다고 한다. 구름 때문에 앞이 보이지 않아서 계기에만 의존해서 비행하고 있을 때였다. 갑자기 자세계와 방향계가 문제를 일으켜 위험한 상황에 빠졌다. 그런데 하필이면 그때 하강기류에 걸려든 것이다. 비행기가 추락할 위기에 놓였다가 겨우 기사회생했다고 한다. 밤, 구름, 산, 계기 이상, 하강기류 같은 열악한 조건들이 합쳐져 악재를 만든다. 나는 이런 경우를 '악마의 조합'이라고 부른다. 확률적으로 매우 드문 현상이지만, 악마의 조합은 분명히 존재한다. 인생에서 이 같은 악마의 조합을 어떻게 피하고, 대처하고, 살아남을지는 평소 어떻게 준비하는지에 달려 있다.

산속 비행에 대한 전문 서적이 드물었던 1970년대에 미국의 스파키 이메슨Sparky Imeson이 산에서 비행할 때의 필수 원칙을 담은 책들을 출간했다. 그때만 해도 산에서 비행 사고가 잦아, 사고를 줄이기 위해 출간한 책이었다. 산에서 비행하려는 파일럿들 사이에서는 그의 책들이 지금도 바이블처럼 읽히고 있다. 책에 소개된 원칙 중에는 산 능선을 넘어갈 때는 45도 이하의 각도로 비행하라는 내용이 있다. 45도 정도로 비스듬하게 접근해서 가면 만일 하강기류가 느껴질 때 바로 꺾어서 나올 수 있기 때문이다. 만일 90도 각도로 그대로 접근하다가 하강기류를 만나면 180도 돌아 나오거나 앞으로 돌진해서 나아가려고 할 때 시간이 너무 길어져 추락할 확률이 훨씬 높다. 본인의 실제 경험을 바탕으로 원칙을 세우고 계속해서 학생들을 지도하면서 경험적으로 저술한 책들이 시리즈로 나와 있다.

안타까운 것은, 이렇게 주옥같은 비행 원칙들을 전해준 분이 2009년 산에서 비행하다가 사고로 돌아가신 것이다. 살아 있는 동안 수많은 감사패를 받고, 수많은 초청강연을 하고, 수많은 파일럿을 훈련시켰던 사람도 비행 사고로 떠날 수 있음을 보여준 사례다. 사고 당시, 그는 70대 초반의 나이였다. 현장에서 어떤 부분이 잘못되었는지는 정확히 알 수 없지만, 미국 연방항공청은 그가 조종하던 비행기와 엔진 자체에는 문제가 없었다는 결론을 내렸다. 말콤 글래드웰 Malcolm Gladwell이 주장한, 한 분야의 전문가가 되려면 1만 시간이 필요하다는 말도 무색하게, 그는 2만 시간 이상의 비행 경력을 소유한 교관이었다.

—

얼마 전, 밤 비행을 마치고 집으로 돌아오는 길에 이 사건을 곰곰이 되짚어 보았다. 깜깜한 밤에는 저 멀리 도시의 수많은 불빛 중에서 공항 안내등과 활주로를 찾아내기가 쉽지 않아 또 안경 바꿀 때가 되었나 생각했던 기억이 떠올랐다. 밤에 도시로 접근하며 산 위를 넘어갈 때는 산꼭대기나 산등성이도 잘 보이지 않아, 평소보다 고도를 더 높이려 했다. 비행에 중요한 원칙들이 있지만, 이처럼 나는 내 나이를 생각해서 안전 마진 margin of safety을 좀 더 높이곤 했다. 남들이 산 위에서 2,000피트 위로 가야 안전하다면 나는 몇백 피트 더 높이 가고, 남들이 산등성이에서 부는 초속 15피트의 바람을 위험하게 여기면, 나는 초속 12피트부터 위험하게 보았다. 이 모두가 나의 한계를 고려한 안전 마진인 것이다. 남들보다 부족한 것이 있다면 시간을 훨씬 더 들이고, 내가 모자란 것이 있다면 내 실정에 맞는 방법을 고안해서 실천하고, 원칙을 넘는 도전은 감히 하지 않겠다는 생각이다.

어떤 분야를 공부하고 훈련하는 동안에는 리셋이 가능하다. 하지만 실전에는 리셋이 없다는 사실을 가끔 잊을 때가 있다. 실전은 우리의 실수에 관대하지 않다. 아무리 내가 1만 시간 이상의 경력자가 되어도, 신체적 부족함, 경험에 따른 자신감, 그리고 일상에 가려진 안일함이 덩달아 늘어날 것을 감안하면 더욱 신중을 기해야 한다. 내가 배우면 배울수록, 나이가 들면 들수록, 경험이 생기면 생길수록 안전 마진 또한 더욱 늘려야 지속 가능한 삶이 되리라는 확신이 들었다.

그리고 아무리 귀찮은 상황에서도, 아무리 피곤하고 약해지더라도 가끔씩 다가오는 '이 정도까지는 괜찮겠지!' 또는 '평소라면 아니지만 딱 오늘만!'이라는 달콤한 유혹을 물리쳐야 한다. 어떤 상황에서도 안전불감증 벌레에 물려 감염되지 않아야 한다. 악마의 조합은 원칙의 선, 저 너머에서 항상 기다리고 있기 때문이다. 매사에 불안해하거나 과민반응을 보일 필요는 없지만 원칙과 준비 면에서는 '대충'이란 단어가 없어야 한다.

이처럼 무엇을 잘한다거나 전문성을 가진다는 것은 단지 실력이나 자신감뿐 아니라 안전 마진도 높일 수 있음을 의미한다. 파일럿들이 공감하는 말 중에 이런 것이 있다.

"세상에는 늙은 파일럿도 있고 대담한 파일럿도 있다. 하지만 대담하면서 늙은 파일럿은 없다."

오랜 경험에서 오는 자신감으로 원칙의 선을 넘지 말라는 말이다. 원칙을 지키는 면에서는 창의적이지도 혁신적이지도 말라는 뜻으로 새기고 있다.

안전 마진의 개념은 생명 · 안전 유지를 위한 경우 외에 일상의 주식 투자나 기업 경영, 창업 등 사회 전반적으로 광범위하게 필요하다. '영끌', '빚투'를 하는 우리 시대의 주식, 부동산 투자, 과도한 외형 성장 경영, 준비 없는 무모한 창업 등등의 상황에서 원칙의 선 너머 악마의 조합이 기회를 엿보고 있을지 모른다. 자신이 하는 일이 무엇이든지 간에, 전문성을 점점 높여가고 있다면 안전 마진도 함께 높여가야 한다. 그래서 오늘도 집을 나서기 전에 이 질문을 상기하는 것이 좋다. "How is your safety margin today?(오늘 안전 마진은 어떠한가?)"

사람은 높은 곳에 올라설 때 자신감을 얻고 일정한 경지에 이르렀다고 생각하기 쉽다. 그러나 계곡의 물처럼, 산 위의 바람처럼 그 너머에는 하강기류가 기다리고 있을지 모른다. 올라간 것은 꼭 한 번 내려오기 마련이고, 그렇게 곤두박질치면 훨씬 큰 소용돌이에 빠질 수 있다. 우리가 끊임없이 배우고 그럴수록 더욱 겸손해져야 하는 이유다.

What do you not see?

비행훈련을 위해 공항에서 내가 탈 비행기를 점검하고 있을 때였다. 동양인 한 명과 흑인 한 명이 각자 휠체어를 타고 내게 다가와서는 잠깐 도와줄 수 있느냐고 물었다. 난 당연히 도울 수 있다고 말했다. 그들은 저쪽에 있는 비행기에 자신들을 들어 올려서 조종석에 앉혀달라고 부탁했다. 속으로 '음… 이 상황은 뭐지? 이 사람들은 비행기에 한번 앉아보는 게 소원인가? 조종석에 앉아서 사진이라도 찍으려는 건가?' 의아해하면서도 그들의 요구에 따랐다. 조종사 측 비행기 문을 열고 동양인을 들어 앉히려고 했는데, 혼자 힘으로는 되지 않았다. 잠깐 기다리라고 말한 후, 비행학교 안으로 들어가 다른 파일럿 한 명을 데려왔다. 둘이 같이 휠체어에 앉아 있던 동양인을 번쩍 들어서 조종석에 앉히고, 흑인도 부조종석에 앉혀주었다. 그랬더니 이번에는 본인들이 탄 비행기를 현재 주기장 위치에서 공항 유도로 쪽으로 밀어줄 수 있겠느냐고 부탁했다. 함께 도와주던 파일럿과 나는 서로 얼굴을 쳐다보며 '뭐지?' 하는 표정을 지었다. 그래도 어쨌든 부탁을 받았으니 비행기를 열심히 밀어서 유도로를 향하게 옮겨주었다. 두 사람의 부탁은 거기서 끝나지 않았다. 본인들이 타고 온 휠체어를 주기장에 밧줄로 묶어달라고 해서 또 그렇게 해주었다. '정말 이 형님들이 비행기를 타고 나갈 생각인가? 그게 가능한가?' 의구심이 더욱 증폭되었다.

부탁을 다 들어준 후, 내 비행기로 돌아왔다. 그들의 비행기가 시동을 걸려고 엔진 스타트를 시도하는 소리가 들렸다. 속으로 '와, 파일럿이었구나!' 하며 탄성을 질렀다. 하지만 안타깝게도 바로 엔진 스타트가 되지 않았다. 나는 다시 그들에게 다가갔다.

"혹시 도움이 더 필요합니까?"

"제 휠체어를 다시 가져와서 태워줄 수 있을까요?"

동양인의 말에 나는 그의 휠체어를 다시 밀고 와서 앉혀주었다. 그는 비행기 정비창 건물로 휠체어를 열심히 밀고 가더니 정비사를 불러왔다.

'휠체어에 앉아 있으니, 정말 뭐 하나 쉽지가 않구나.' 안타까운 마음을 뒤로하고 내 비행기로 돌아왔다. 나는 기본 점검을 마친 후, 비행기를 몰고 유도로를 돌아 이륙 직전 점검을 여유롭게 마쳤다. 이륙을 위해 타워 관제사 주파수를 맞추고 교신을 막 하려는데, 아까 내가 도와주던 비행기의 교신이 먼저 들려왔다. 나보다 훨씬 능숙한 솜씨로 관제사와 교신하더니, 내 앞에서 슝 하고 이륙해서 높이 날아가버렸다. 교신 내용만 들어봐도 그가 얼마나 숙련된 조종사인지 금방 알 수 있었다.

그날 많은 생각이 들었다. 부끄럽기도 했다. 그들이 휠체어를 탔기 때문에 비행을 못 할 거라고 생각한 부분이 마음에 걸렸다. 사람을 겉모습으로 판단하지 않는다고 나름대로 자부해왔던 내가 그렇게 생각했다니…… 나보다 훨씬 능숙한 조종사를 몰라 보다니…… 휠체어에 앉아 있던 그 사람들이 사회에서 얼마나 편견 섞인 대접을 받아왔을까? 비록 그들은 휠체어 신세를 지고 스스로 조종석에 앉을 수는 없을지 몰라도, 일단 비행기 조종석에 앉고 엔진 스타트만 되면 달라진다. 하늘을 자유자재로 날아다니는 사람들로 완전히 변신하는 것이다. 비행을 하면서, 지상에서 쌓였던 수많은 편견과 부당한 대우, 값싼 동정, 진정성 없는 관심 등의 스트레스를 깨끗하게 날려버릴 것 같았다.

한편으로는 저기까지 가기 위해 그동안 얼마나 힘들었을지 마음이 쓰였다. 주변 사람들의 만류도 있었을 테고, 엄청난 불신도 감당했을지 모른다. 무엇보다 자신과의 싸움이 가장 힘들었으리라. '그만 포기할까?' '나는 여기까지인가?' 이런 생각과 계속 싸워왔을 것이다. 우리 같은 사람은 그들의 의지를 감히 예측할 수도 없다. 하지만 지금 하늘에서는 완전한 자유를 마음껏 누릴 그들을 떠올리니 내 마음도 밝아졌다.

—

미국에 장애인조종사협회가 있다는 말은 들어봤지만, 실제로 휠체어를 타고 오는 파일럿은 그날 처음 만났다. 놀라움은 그뿐만이 아니었다. 나중에 알고 보니, 내가 부조종석에 앉혀주었던 흑인은 심지어 비행교관이었다. 캘리포니아 오클랜드에서는 꽤 유명한 퀸시 카Quincey Carr라는 인물로, 젊은 시절 총기 사고를 당해 하반신을 쓰지 못하게 되었다. 당시 그는 파일럿을 꿈꾸고 비행훈련 학비를 마련하는 중이었다. 길거리에서 광고판을 돌리며 아르바이트를 세 개나 뛰고 있었다. 예기치 못한 사고로 퀸시는 휠체어

신세를 지게 되었지만, 할 수 있는 모든 아르바이트를 계속하며 꿈을 향해 나아갔다. 그가 결국 파일럿이 되었다는 소식이 알려지자, 오클랜드 경찰, 소방관협회, 그리고 허드슨강의 기적으로 유명한 캡틴 설리의 적극적인 지지와 시민들의 후원을 받게 되었다. 그 덕분에 학비를 마련해 비행교관 과정을 이수했고, 마침내 비행교관이 되었다. 그렇게 유명한 장애인 파일럿 교관을 도와줄 기회를 얻었다는 것 자체가 나에게는 큰 영광이었다. 퀸시는 여전히 학생들을 훈련하는 시간이 아니면 길거리 코너에서 휠체어에 앉아 열심히 광고판을 돌리고 있다. 더 놀라운 것은 그가 소외계층 자녀들을 위한 비영리 비행교육 프로그램을 운영하고 있다는 사실이었다. 그런 사람 앞에서 누가 감히 힘들다고 투덜대거나 "난 더 이상 못해!"라며 징징댈 수 있을까?

———

그날 일은 나 자신을 되돌아보게 하는 귀중한 자성의 기회였다. 특히 내가 좋아하는 영어 단어인 '인테그리티 integrity'에 대해 깊이 생각하게 되었다. 나는 항상 'Man of Integrity'가 되고 싶었다. 이 말을 어떻게 해석해야 할까? 올바른 사람? 정직한 사람? 공정한 사람? 신뢰가 가는 사람? 믿어도 될 만한 사람? 모두에게 평등한

모바일 교육 프로젝트, 코스타리카에서

베이징에서 열린 인공지능학회 기조연설

사람? 세상과 사람을 볼 때 색안경을 끼고 보지 않는 사람? 늘 이런 사람이 되고 싶었지만, 사실 나는 거리가 한참 먼 듯싶다. 부끄럽지만, 10여 년 전 스탠퍼드의 한 워크숍에서 참여자 중 한 명이 나를 보며 'Man of Integrity'를 연상시킨다고 말한 적이 있다. 그때 난 '저 사람은 나를 몰라도 너무 모르는구나'라고 생각했다. 그후로, 겉으로 그렇게 보이는 사람이 아니라 실제로 그런 사람이 되어야겠다고 다짐했다. 그날 휠체어 형님들을 만난 경험은 나의 인테그리티 점수가 매우 낮음을 다시 상기시켜주었다. 내가 앞으로 얼마나 더 노력해야 인테그리티 수준을 향상시킬 수 있을지 까마득하게만 느껴졌다.

내 점수를 깎아내리는 성향들을 늘어놓자면 이렇다. 난 사람을 바라볼 때, 제대로 겪어보지도 않고 너무 빨리 판단한다. 외형적 모습만으로 그 사람의 능력을 너무 쉽게 평가한다. 어떤 사람을 처음 대할 때, 동등한 눈으로 바라보고 평등하게 대하지 못한다. 누군가의 약한 모습을 보았을 때, 내 맘대로 짐작하고 값싼 동정심을 느끼기도 한다.

외면에 대해서는 눈을 감고 내적인 면에 눈을 열 줄 아는 사람이 참 지혜인이다. 사람의 능력을 눈으로 직접 봐야만 인정하는 사람은, 그동안 살면서 나를 도와준 수많은 사람을 만나고도 그들을 놓친 사실조차 알지 못하는 어리석은 사람이다.

나는 앞으로 죽을 때까지 외적인 것보다 내적인 모습을 더 많이 볼 수 있기를 바란다. 어떤 외모의 사람을 대하더라도 동등하게 대하고, 그들이 아직 보여주지 않은 엄청난 능력과 경험을 마음대로 판단하지 않고, 알지도 못하면서 값싼 측은지심을 갖지 않기를 바란다. 그래서 오늘 또 질문한다. "What do you not see?(당신은 무엇을 못 보고 있는가?)"

스탠퍼드 교정에서

새 출발

어느 나른한 오후, 스탠퍼드 캠퍼스에서 석사과정 학생과 커피 한잔 나누며 시작한 꿈같은 이야기가 어느덧 현실이 되었다. '파일럿 되기'는 내 인생에서 참 잘했다고 칭찬하고 싶은 중요한 전환점이 되었다. 워낙에 '가정적 질문'을 좋아하고 무엇이든 다 가능하다고 생각하는 나였기에 비행기 조종 또한 시작은 어렵지 않았다. 다른 사람이라면 망설이고 "음, 글쎄요……"라고 할 일도, 누구보다 먼저 "Why not?" 하는 성격이라 외계인 같다는 말도 종종 듣는다. 하지만 그렇게 시작한 일들의 여정은 결코 호락호락하지 않았다.

평소에 '질문 없는 사회는 죽은 사회다'라고 강의하며 다니다가,

최근 몇 년 동안은 '자기 자신에게 질문하지 않는 인생은 이미 죽은 인생이다'를 되뇌고 있었다. 그 와중에 시작한 파일럿 훈련은 인생에 큰 울림이 되는 배움의 시간이었다. 역시 사람은 도전을 통해 성장하고 끊임없는 배움을 거쳐야만 살아 있음을 느끼게 된다는 결론을 다시 한번 확증했다. 아마도 이 새로운 출발은 남은 인생을 더 큰 배움으로 이끌 것이다.

지난 20년 동안 스탠퍼드에서 그리고 전 세계 소외 지역에서 얻은 지혜를 세상의 더 많은 배우미들과 나누고 싶다. 지금까지 시도해보지 않은 방법으로, 기회가 없었던 아이들에게 새로운 꿈과 희망을 안겨주는 것이 나의 큰 계획이다. 대학 연구실에 앉아 그동안 해온 일을 계속하며 삶의 끝이 다가오기를 기다리기보다, 새로운 공간으로 나아가서 자유롭게 날아다니며 더 많은 사람들을 만나고 긍정적 영향을 공유하려는 것이다. 내가 직접 조종하는 비행기로 미래의 지평을 넓혀가며, 예상치 못한 도전과 질문을 마주할 생각을 하니 벌써부터 마음이 설렌다.

마침 얼마 전에 애리조나주 인디언 보호구역에서 교육을 담당하고 있는 제이컵 무어 Jacob Moore와 통화를 했다. 이 친구와는 오래전에 교육 관련 연구단체에서 이사진으로 함께 일한 적이 있다. 내가 파일럿 자격을 따서 인디언 보호구역 쪽의 일을 하러 가기가 수

월해졌으니, 곧 방문하겠다는 소식을 전했다. 그곳은 오래전 서부 영화 〈석양의 무법자〉에 나올 법한 사막 한가운데의 작은 마을이다. 시대가 지나면서 바뀐 것이라고는 말과 마차 대신 자동차밖에 없는 것 같은 느낌이다. 인디언 보호구역을 여기저기 가본 결과, 공통적으로 학교가 제대로 운영되지 못하고, 아이들은 비만, 고혈압, 각종 약물과 술, 도박에 심하게 노출되어 있다. 미혼모 아이들을 너무 많이 보게 되는 점도 안타깝다. 이런 마을의 원주민들은 대체로 지방정부로부터 카지노 설립권을 받아 관광객들의 도박 수입으로 살거나, 마을을 관통하는 송유관이 있는 경우 토지 사용권 수입으로 살아가고 있다. 교육과 기술훈련을 통해 얻는 일자리가 아닌 쉽게 배급받는 수입에 의존하는 경우다. 전에 이런 지역을 방문할 때마다 정기적으로 찾아가 아이들에게 꿈과 희망을 심어주고 싶은 마음이 굴뚝같았다. 이런 시골에도 조금만 가면, 짧지만 작은 비행기 정도는 내릴 수 있는 활주로가 있다. 파일럿 훈련이 어느 정도 되면, 이런 마을을 정기적으로 방문해야겠다는 계획을 미리 세워두고 있었던 것이다. 당장 해외 오지를 가지 않아도 아이들의 교육 환경이 매우 열악한 곳이 미국이나 캐나다에도 꽤 많다. 차를 타면 며칠씩 갈 것을 이제는 비행기로 쉽게 날아갈 수 있으니 축복이라는 생각이 든다.

며칠 전에는 버려진 강아지를 구조해 새 주인을 찾아주는 비영리단체에서 연락이 왔다. 나는 이미 이 협회에 가입한 상태였기 때문에 그들의 요청을 흔쾌히 수락했다. 파일럿 친구와 구조된 강아지를 새 주인에게 전달해주는 일을 주말에 함께 하기로 하니 마음이 뿌듯해졌다. 매년 수십만 마리의 강아지들이 주인을 찾지 못해 임시 보호소에서 인위적으로 죽어야 한다는 소식에 항상 가슴이 아팠다. 구조된 강아지들은 전국 비영리단체들과 광범위하게 연계해서 새 주인을 빨리 찾아주어야 한다. 그러려면 몇 개의 주를 횡단하여 멀리까지 전달해야 할 때가 있다. 한 명의 파일럿이 감당하기 어려워 파일럿 여러 명이 각자 책임질 비행 영역을 나누어서 구간별 비행을 하게 된다. 인터넷이 발달된 시대이기 때문에 이렇게 효율적인 분담이 가능해진 것이다. 이 글을 쓰는 동안에도 휴대폰으로 또 연락이 왔다. 다른 지역 보호소에서 오늘 오후까지 나가야 하는 강아지가 세 마리 있다는 것이다. 너무 가슴이 아팠다. 당장 가까운 공항으로 달려가고 싶지만, 오늘 오후에 빌릴 수 있는 비행기가 없다. 비행기는 자동차처럼 아무거나 잡아타고 몇 분 만에 준비해서 시동 걸고 나갈 수 없다. 다행히 다른 파일럿의 연락이 바로 들어와서, 오늘의 문제는 해결되었다. 보람된 일을 할 수 있는 기회는 매일 끊임없이 찾아올 것이기에 다음을 기약했다.

미국 켈리포니아 사막에서

지난주에는 태평양의 섬들을 다니며 의료봉사와 교육 프로그램을 제공하는 비영리단체와 미팅을 했다. 그들은 한 섬에 주민이 25명도 되지 않는 섬들까지 일일이 배를 타고 다니며 의료와 교육 봉사를 하고 있었다. 그들이 담당하는 태평양 내 섬들을 다 합치면 934개라고 했다. 내가 일부러 찾지도 않았는데 이런 봉사단체와 연결이 되고 협력 가능성을 이야기하다 보니 머릿속에 자연스럽게 수상비행기가 떠올랐다. '수면 위에 떠서 달릴 수 있는 비행기 가격이 얼마나 될까?' 이런 생각을 하며 혼자서 가슴 설레는 계획을 세워보았다.

새로운 파일럿들을 많이 만나다 보니, 그들만의 그룹 안에서 이미 많은 봉사단체들이 운영되고 있음을 알게 되었다. 나도 이제는 그들과 같은 그룹에 속해 있다는 것이 신기하기만 하다. 꿈과 이상을 가지고 끊임없이 생각하다 보면 비슷한 생각을 가진 사람들과 자연스럽게 마주치게 된다. 스쳐 지나가 버릴 것 같은 인연도 강력한 자석처럼 끌어당겨 연결되는 것만 같다. 이런 인연은 마치 오래전부터 철저히 계획하고 열심히 준비해왔던 것처럼 느껴진다. 다만 조건이 있다면, 그 꿈과 이상을 매일 염두에 두고 살아야 한다는 것이다.

이처럼 파일럿이 된 다음에 할 수 있는 일이 더 많아졌고, 방문할 수 있는 지역의 범위도 훨씬 넓어졌다. 가능성이 여러 배로 늘어났다. 기회가 있을 때마다 참여하고 더 많은 조력자들을 만나면서, 파일럿으로서 시작하는 나의 제2의 삶은 더욱 바빠지고 더욱 뜻깊어질 것이다. 그런 생각을 하면 뿌듯하고 감사하다.

평생 배움을 위한 도전

파일럿 훈련은 교육자인 나에게 엄청난 지혜를 안겨주었다. 학생으로 돌아가 다시 배우는 계기를 통해 조금 더 발전된 교육자가 된 느낌이다. 가장 큰 가르침은 '끝없이 배우는 학생의 자세로 살아야 더 나은 교육자가 될 수 있다'는 점이다. 그렇다. 나는 배움을 멈출 수 없다. 세상은 변하고, 세상에서 요구하는 사항들도 변하기 때문이다. 지난 파일럿 훈련 기간은 잠시도 내가 배움을 게을리할 수 없음을 더욱 절실히 느끼는 시간이었다.

뭔가 꿈을 가지고 이루고자 할 때 나만 끝까지 놓지 않으면 결국 도달하고 성취할 수 있다는 말을 누구보다도 자신 있게 할 수 있다. 인생은 얼마나 끈질기게 버틸 수 있는지, 시험의 연속이다. 실수하고, 실패하고, 나에게도 남에게도 민망한 시간이 오더라도, 그때마다 두꺼워진 얼굴로 다시 시도해야 한다. 결국은 된다. 결국은 이룬다. 나만 포기하지 않으면.

지금까지 파일럿 훈련 기간에 만났던 사람들을 보면 돈도, 신체적 결함도 문제가 아니었다. 어떤 것도 핑계가 될 수 없다. 모든 문제에는 방법이 있고, 찾다 보면 나를 이해하고 공감하고 도와줄 조력자가 꼭 생긴다. 도와주는 사람이 없다면, 내가 말하지 않아서이고, 필요한 질문을 하지 않아서이고, 찾아보지 않아서이다.

어떤 사람은 일사천리로 막힘없이 쭉 나가는 것처럼 보일 때가 있다. 그렇게 보일지라도, 그 사람의 속사정과 과정을 자세히 알고 나면 절대로 그렇게 쉽게 이룬 것이 아님을 알 수 있다. 무엇인가 이룬 사람들을 보면, 나름대로 추락하고 절망하고 불굴의 의지가 필요한 순간을 분명히 지나왔다.

아슬아슬한 인생의 여정에서 가슴 졸이고 뒷걸음질하게 될 때마다 곰곰이 생각해본다. '왜 나는 아직도 포기하지 못하고 이렇게 매달려 있지?' 그냥 포기해버릴 수도 있는데 계속 붙잡고 있는 것은 아마도 나의 열망이 너무 크기 때문일 것이다. 열망이 충분하지 않다면, 얻고자 하는 것을 얻기 힘들고, 얻게 되더라도 곧 보람이 사라질 것이다. 나의 지난 시절을 돌아보면 영어라는 장벽에 부딪혔을 때, 박사를 마쳤을 때, 스탠퍼드에 처음 왔을 때 그랬던 것 같다. 그런 인생의 주요 고비마다 열망의 배터리만큼은 항상 충전되어 있었다.

주말과 휴일 대부분을 파일럿 훈련으로 보냈다. 해외 출장이나 프로젝트의 중압감에 짓눌려 있을 때도 기초 또는 계기 시험공부나 비행훈련은 끊이지 않았다. 어쩌면 그런 배움의 시간이 또 다른 휴식처럼 느껴졌기에 가능했던 일인지도 모른다. 강한 열망은 모든 것을 가능하게 한다. 그것이 아무리 불가능해 보여도, 조금 힘들게 배우고 나면 나중에 더 큰 도전이 가능해 보인다.

누구든지 인생 역전의 경험을 몇 번 하다 보면 도전에 익숙해진다. 혹시 이런 자기 시험의 과정을 한 번도 겪어보지 못한 사람이나 자신을 한 번도 이겨보지 못한 사람이 있다면, 힘든 일도 자꾸 겪다 보면 즐길 수 있게 된다고 말해주고 싶다. 결말을 확신하기 때문이다. 물론 어려움 앞에서, 긍정적 결말에 대한 확신이 부재하면 두려움과 고민에 빠지게 된다. 누구든지 좋은 결말을 확신한다면 두려움도 고민도 없어질 것이다. 결국 확신은 내가 만드는 것임을 배우는 게 중요하다. 나만 포기하지 않으면, 꼭 이루어진다는 확신. 그것도 여러 번 겪다 보니, 다음 도전이 무엇일지 이미 설레어 온다. 그 새로운 목표가 무엇이든, 또 얼마나 가슴 졸일지 모르고, 좌충우돌하며 실망할지도 모른다. 하지만, 이제 그런 것들이 나를 더욱 설레게 한다. 결국 뿌듯한 결과를 만날 것이기 때문에. 나만 포기하지 않는다면.

어느 누구도 미래를 확실히 예측할 수는 없다. 물론 그럴싸한 예측을 책에 담아내 번갯불에 콩 볶아 먹듯 단시간에 수많은 독자를 모으는 사람도 본 적이 있다. 하지만 몇 년 지나면 자취도 없이 사라져버린다. 예측이 점점 불가능해지는 미래에 대비하려면 더더욱 나 중심이 되어야 한다. '나 중심'이란 이기주의적 사고가 아니다. 내가 좋아하고 잘할 수 있고, 내가 질리지 않고 즐겁게 할 수 있는 일을 찾는 것이다. 그러려면 새로운 것을 많이 경험해봐야 한다. 남들의 시선이나 요구에 억지로 나를 끼워 맞추지 않고, 내가 정말 좋아하고 꾸준히 즐길 만한 일을 할 때 남들에게도 필요한 사람이 될 수 있다.

물론 그 어떤 여정도 내가 원하기만 한다고 쉽게 갈 수는 없다. 나름대로 도전이 되고 힘들 수 있다. 그래서 기왕 힘들일 바에는 보람을 느낄 수 있는 일을 찾는 것이 현명할 것 같다. 단순히 돈 많이 버는 것이 목표라면 힘든 과정을 견딜 충분한 동기가 되기 어렵다. 하지만 내가 좋아하고, 질리지 않고, 즐겁게 잘할 수 있는 일을 위한 배움과 준비라면 망설임 없이 빨리 움직이게 되고, 배우고 또 배우는 일로 일상을 채우게 된다.

나는 비행기 조종사 과정을 통해 인생을 돌아볼 기회를 얻었지만, 사람마다 그 분야는 다를 것이다. 어떤 분야의 전문가가 되고

스탠퍼드 그린라이브러리 앞에서

싶거나, 어떤 자격을 얻고 싶거나, 무엇인가 발명하고 싶거나, 일정한 경지에 도달하고 싶거나, 의미 있는 일을 하고 싶을지 모른다. 어떤 길을 가고 싶은지 정했다면, 부디 이 책의 질문들을 자신에게 한 번씩 해보기를 권한다. 그리고 죽을 때까지 간직하며 보람을 느낄 만한 가치를 찾아가기를 바란다.